修學引導叢書11

超越「二」的智慧

《心經》、《金剛經》解讀

濟群法師——著

目次

《超越「二」的智慧》 109

自序

在漢傳地區，《心經》和《金剛經》是知名度最高的兩部佛典。其中的一些經文，如「色不異空，空不異色」、「一切有為法，如夢幻泡影」之類，更是為人熟知。對這兩部經的弘揚，幾乎伴隨了我的弘法生涯。本書由其中部分講座內容整理而成。

一九九五年，我應澳洲明月居士林妙淨法師之邀，在佛學冬令營開講《心經》。這是我首次講解本經，轉眼已近三十年。回國後，我常將《心經》的智慧與現實人生對照思考，深刻體會到這一法門的殊勝，於是撰寫成文，題為〈心經的人生智慧〉。本經僅二百六十多字，但文約義豐，是六百卷《大般若經》的精華。這就必須有中觀正見的支持，否則是不容易理解透徹的。我在中國佛學院求學期間，親近過三論宗專家劉峰老師，在他的耳提面命下，學過《中論》、《肇論》、《大乘玄論》等相關論典，為我理解《心經》奠定了基礎。

中觀的基本正見是緣起性空。《心經》以緣起的智慧，觀察五蘊、十二處、十八界、十二因緣、四諦諸法，說明這一切都是無自性空的，使我們認識到空有不二、煩惱即菩提的思想，知道如何才能不住世間、超越生死。經中出現最多的三個字，即「空」、「無」、「不」，都是否定詞。簡單地說，就是否定自性見，建立空有不二的中道觀。

〈心經的禪觀〉，是我二〇一九年在北京廣化寺講的。之所以題為「禪觀」，是希望把中觀正見運用到禪修中。很多人對經教的學習只是停留在理論上，談空說有，卻不能落到實處，甚至撥無因果，出現偏空的弊端。《心經》以「觀自在」開篇，觀之一字，貫穿了《心經》的修行。觀，必須有止的基礎，才能在面對念頭和影象時，了知一切如幻，當下體證空性，成就解脫自在的人生。

對《金剛經》的弘揚，略早於《心經》。一九九四年春，我應廈門大學青年禪學社之邀開講本經。其後，又把演講思路撰寫成文，題為〈金剛經的現代意義〉。

二〇一〇年，我在戒幢佛學研究所開設《金剛經》課程。如何引導大家認識經文要義？我想到，可以從問題入手。《金剛經》的行文是散文式的，對同一問題會反覆說明，且分布多處。比如怎麼認識如來身相，出現了「色相非真、有相之身不為大、不應以色相見如來、如來具足相好莊嚴、離相見如來」等多個角度。將相關內容剪輯到一起，可以清晰地看到，佛陀是從哪些方面闡述這個問題，有助於我們全面領會經義。

《金剛經》與《心經》同屬般若系經典，但修行側重點不同。如果說《心經》著重個人修行，那麼《金剛經》則是立足於菩薩道修行，在利他過程中落實正見。經中關於發菩提心、修菩薩行，以及對佛果、佛身、佛陀說法的認識，始終伴隨兩種提醒：一方面，不要陷入對自我的執著，經中反覆出現的「無我相、無人相、無眾生相、無壽者相」、「若菩薩有我相、人相、眾生相、壽者相，即非菩薩」，都在告訴我們這個道理。另一方面，不要陷入對法的執著，佛陀每說一個問題，都會以「所謂……即非……是名……」為總結，讓我們用中觀正見看待一切，認識到緣起現象是無自性的，其存在只是條件關係的假相而已。

本書名為《超越「二」的智慧》，二，即二元。我們生活在能所、善惡、好壞、自他等二元對立中，如何才能正確面對？龍樹菩薩在《中論》告訴我們：「不依世俗諦，不得第一義。不得第一義，則不得涅槃。」指出了世俗諦、第一義和涅槃的關係。修行要從世俗諦入手，如何認識世俗諦，正是輪迴與解脫的分水嶺。如果帶著自性見，產生我執法執，就會進入二元世界，開啟生死輪迴；以中觀正見觀察，了知諸法無自性，就能超越對二元的執著，入不二門。如此，方能出汙泥而不染，行走世間，自在無礙。

二〇二三年春寫於阿蘭若

《心經》的人生智慧

一、《心經》者何

《心經》，具稱《般若波羅蜜多心經》，是佛教典籍中文字最為簡練而內容極為豐富的法寶。它和《金剛經》一樣，千百年來在社會上廣泛流傳，影響歷久不衰。

在佛教中，《心經》屬於般若系經典。按天台宗對《般若經》的判攝，稱為通教。所謂通者，具通前與通後之義。通前，是說它與阿含教的關係。在阿含經典中，佛陀對存在的現象進行透視，指出其苦、無常、無我的本質。當然也談到空，但不是很深刻。唯有到了般若經教，才在阿含基礎上將空的內涵推向極致。通後，是指《般若》與《華嚴》、《涅槃》、《維摩》等經典的關係。

般若經教所揭示的緣起性空，是大乘一切經教建立的理論基石。如實把握般若中觀正見，對於聞思經教、指導修行具有重要意義。

通常，經典由序分、正宗分、流通分三部分組成。《心經》卻與其他經典不同，僅有正宗分。於是，人們便懷疑《心經》的獨立性。關於這個問題，當代佛學權威印順法師在《般若經講記》中作了說明。印老認為，玄奘大師所譯的《心經》，是從六百卷《大般若經》中單獨錄出的。《大般若經．學觀品》中，就有和《心經》基本相同的文句，是佛陀直接向舍利弗所說。也就是說，《心經》是《大般若經》最為精要的部分，古德為易於受持，特摘出流通。

《心經》在中國有眾多譯本。在方廣錩先生所編的《般若心經譯注集成》中，就收集了十八種。其中，在教界流傳最廣的，是唐代玄奘三藏的譯本。至於本經注疏，自古以來更是多達百家，可見其傳誦之盛。

二、人生的大智慧

本經全稱為《般若波羅蜜多心經》。在佛教典籍中，一部經的題目，往往是全經內容的點睛之處。因此，在學習經典時，首先要了解經題蘊含的深意。

先釋般若。般若，是梵語音譯。佛教經論的翻譯，有音譯和義譯兩種方式。音譯多是在特殊情況下使用。玄奘三藏在譯經時，就制訂了「五不翻」的規則：一、尊重不翻；二、順古不翻；三、多義不翻；四、祕密不翻；五、此方所無不翻。「般若」既屬於第一種類型，以尊重故不翻。同時，漢語中也缺乏與「般若」內涵相應的詞彙，即此方所無，故採用音譯。

由於般若是梵語音譯，我們顯然無法從字面上依文解義。那麼，般若又具有什麼深意呢？古德為了人們理解的方便，有時也將般若釋為智慧，但它顯然不同於通常所說的世間智慧。因為世間智慧是有限的，有缺陷的，更是夾雜煩惱的，不足以認識宇宙人生的真相。而般若智慧則不然，它是無限、圓滿、清淨的，能使我們通達宇宙人生的真相，從而徹底解除無明煩惱。

所以，般若對改善生命具有至關重要的作用。缺乏智慧，人們就會產生認識的困擾，並由執著帶來痛苦。

1．認識上的迷惑

凡夫因無明所擾，總是陷入各種迷惑狀態中，既不能透徹了解自己，也無法真正認識世界。或許有人會說：難道我們連自己都不了解嗎？這個問題聽來似乎令人費解，事實卻是如此。

試問：大家知道「我」是誰嗎？這個問題看似簡單，有人可能會不假思索地回答：「我就是我啊！」其實，這是一個極為深奧的問題。我們以為，「我」就是我。那麼，究竟是以身體為「我」，還是以思惟為「我」呢？倘若以身體為「我」，身體乃四大假合，四大解體之時，「我」在何處？倘若以思惟為「我」，思惟乃經驗及概念的積累，並無獨立的自性可言。足見，這個問題遠不是我們以為的那麼容易回答。所以，西方哲學有句名言——認識你自己。

「生從何來，死往何去」，也是人生的一大迷惑。記得有位西方哲學家曾對人生作過一番形象的比喻：人生有如過橋，而這座橋的橋頭、橋尾、橋下都布滿雲霧，人們就從一團雲霧走向另一團雲霧。以佛法角度來看，我們來到這個世界，僅僅是一期生命的開端。當我們死亡時，也只是這期生命的終點，並不意味著它的徹底結束。事實上，生命還會生生不已地延續下去。在漫長的生命洪流中，今生不過是其中的一個短暫片段。因此，我們在著眼於現世生存的同時，更要追尋「生從何來，死往何去」的答案，這也是每個人必須解決的切身問題。

在現實生活中，人人都很關心自己的命運。那麼，命運是什麼？人生是否存在命運？假如存在命運，又是由哪些因素決定的？由什麼力量在推動？對於這些問題，世人的看法往往大相徑庭。有人不信命運，認為生命發展沒有既定規律可尋；有人深信命運，認為冥冥之中必定存在支配我們的力量。此外，有人認為命運不可改變，有人認為命運可以改變；有人認為支配命運的力量來自神靈，有人認為改造命運的機會取決於自己……那麼，命運究竟是怎麼回事？

因果報應也是容易引起世人爭議的話題。從某些現象來看，世間萬物似乎各有因果，如成功來自努力，收穫來自播種，所謂「種瓜得瓜，種豆得豆」。但從某些方面看，生活中又存在許多難以解釋的現象。比如有人作惡多端，卻過得逍遙自在；有人行善積德，卻過得窮困潦倒。因而，多數人認可一生論，不相信報應說。而世間各種宗教大多認可因果觀。那麼，確實存在因果報應嗎？

人為什麼活著？生存的意義是什麼？也是人們經常感到困惑的。生存在這個世間，許多人並不知道活著究竟是為了什麼，只是沿著前人約定俗成的習慣，上學、工作、成家、生兒育女、升官發財、享受欲樂直至一命嗚呼。一代又一代，人們重複著幾乎相同的生活模式，卻很少思考這種生活能否實現人生的真正意義。

怎樣才能開發生命的最大價值？這就必須知道：人究竟為了什麼而活著。

2．執著欲望帶來的痛苦

佛經中，稱我們居住的這個世界為欲界，其最大特點，就在一個「欲」字。可以說，這個世界的人都生活在強烈的欲望中。什麼是欲？欲，就是生命內在的需求，既有生理方面的，也有心理方面的。這些由身心產生的欲望，又有著千差萬別的表現形式。

佛經中，將之簡單歸納為「五欲」，分別是色、聲、香、味、觸。色欲，是眼睛希望看見亮麗的顏色；聲欲，是耳朵希望聽到悅耳的音聲；香欲，是鼻子希望聞到芬芳的氣息；味欲，是舌頭希望品嘗可口的美味；觸欲，是身體希望接觸舒適的環境。在佛經中，「五欲」有時會另有所指，分別指財、色、名、食、睡。財欲，是對金錢財富的需求；色欲，是對男女情感的需求；名欲，是對名譽地位的需求；食欲，是對飲食的需求；睡欲，是對睡眠的需求。有情的生命，就是在不斷追逐五欲的過程中延續。當上述欲望得到滿足時，會產生暫時的快樂。因而，通常所說的人生幸福，無非是指欲望的滿足。

但欲望又是不穩定的。人類欲望雖與物質條件有關，但具備哪些條件才能滿足，並沒有具體、統一的標準。從整體來說，往往是隨著物質條件的改善而提升，所謂水漲船高。對古人來說，豐衣足食就能知足常樂；而對今天的人來說，衣食無憂已很難使人滿足，更難使人因此產生幸福感。隨著物質的繁榮，欲望也在隨之膨脹，而且是無止境地膨脹，這使人們永遠處在無休止的追逐中。

欲望的表現形式，有占有、比較、競爭三大特徵。

【占有】

人們被欲望驅使，總想不斷占有。當溫飽尚未解決時，人們只求吃飽穿暖，有個遮風蔽雨的住處。一旦基本需求得到保障，很快就不會滿足，進而追求方便舒適的生活。洗衣服太麻煩，最好有洗衣機代勞；走路太疲勞，最好有私家車代步；工作之餘閒得無聊，應該有個電視消遣娛樂；外出旅遊固然瀟灑，還要有架攝影機隨時記錄……要求越多，需要添置的東西就越多，為此耗費的錢財也就越多。但錢財不會從天上掉下來，相應的，我們就得為了賺錢，為了滿足不斷增長的欲望拚命工作，忙碌不休。

有了物質財富之後，人們又會嚮往名譽地位。總之，別人擁有的，我必須有；別人沒有的，我也得有。欲望，常常使我們一生都在不斷追逐、占有的循環中度過。一個欲望滿足了，新的欲望很快接踵而至。被欲望支配的人，往往忽略自己已經擁有的，忙於追逐尚未屬於自己的一切，卻很少考量：

這些究竟是不是人生的真正需要。有道是「欲壑難填」，一個對財富充滿欲望的人，即使有了百萬家產，還會繼續想著千萬、億萬。如果我們永遠把目標向前推進，怎麼可能有知足的時候？所以即使擁有再多，也很難感到幸福。

【比較】

生活在現實社會，必然會與他人發生關係。於是乎，人們就會相互攀比。你擁有百萬，我得擁有千萬，比你富有；你坐夏利，我得坐賓士，比你神氣；你吃千元一桌，我得吃萬元一頓，比你豪華；你穿新款時裝，我得穿國際名牌，比你時髦；你的電腦是三八六，我得買四八六，比你先進；你當經理，我得當上董事長，比你官大……

帶著比較心態去生活的人，總在期待出人頭地，希望從他人羨慕的眼光中感受幸福。但社會日新月異，即使我們不停地跟著跑，也難以長處潮流之先。比如電腦，早些年二八六都非常先進，難得一見。只不過短短幾年，三八六、四八六就顯得過時了，因為五八六已閃亮登場。不過就算換了最新型號又如何呢？要不了多久，又會落伍於時代。二十年前，誰家如果有一輛自行車，就夠他們幸福很長時間了。但自行車普及後，需要擁有摩托車才會感到幸福。摩托車普及後，則需要擁有私家車才會覺得幸福。

社會不斷推陳出新，處於比較中的人，雖然總在追求幸福，總在為達到某個目標努力，卻難有滿足之時。即使暫時處於領先地位，暫時感到滿足，也很快就會被新的比較驅使，繼續奔忙不休。

【競爭】

以比較的心態生活，必然導致競爭。在家庭中，兄妹間為博得父母寵愛而競爭；在學校內，同學間為成績高低而競爭；在市場上，同行們為占領市場而競爭；在學術界，學者們為學術地位、作品影響而競爭；在國與國之間，則會因國土、資源而競爭。人類社會難道也要像自然界那樣「物競天擇，適者生存」嗎？難道相互拚搏乃至你死我活的爭鬥，才是人與人的相處之道嗎？在競爭中，多少人活得疲憊不堪，多少人過得不堪重負。

欲望，使人們不斷向外攀緣，並在無休止的追逐中迷失自我。佛經中記載了這樣一個故事：某日，佛陀靜坐後在林中漫步。這時一群年輕人匆匆走來，向佛陀詢問，是否看見幾個女孩從這邊經過？佛陀問其緣由，年輕人說，昨晚他們與這些女子尋歡作樂，清早起來時卻發現她們已逃之夭夭，並捲走了他們的全部錢財。佛陀反問說：那麼，是尋找女子和錢財重要，還是尋找你們自己更重要呢？

其實，現代人多數和故事中的年輕人同樣，總在一味向外追逐，卻很少關注自己，更不知道認識自己的重要性。如今，幾乎全社會都在瘋狂地賺錢，所謂「十億人民九億商」。今天的中國，與經濟掛鉤的書籍特別暢銷，和經濟相關的科系生源爆滿。文化教育尚且如此，何況其他？社會上，各種生財之道五花八門。多少人為了賺錢挖空心思，不擇手段。

隨著經濟發展，又創造了無數消費機會，以此不斷刺激人們的欲望。其中比較突出的，是這些年層出不窮的各類娛樂場所，如舞廳、酒吧、夜總會等。人們白天忙於賺錢，晚上縱情享樂，在一刻不停的忙碌中，徹底迷失了方向。更令人擔憂的是，經濟繁榮了，社會道德卻每下愈況。

對欲望的過度追逐，必將導致痛苦的結果。正如《阿毗達磨俱舍論．分別界品》所說：「趣求諸欲人，常起於希望，所欲若不遂，惱壞如箭中。」這首偈頌告訴我們：沉溺於欲望的人，總在不斷向外追逐，一旦所求不能如願，就會沮喪失落，有如被利箭射中那樣痛苦難當。佛教中，將這種欲望不能滿足所造成的痛苦稱為求不得苦，與生、老、病、死、愛別離、怨憎會、五蘊熾盛合為「八苦」，是對人生一切痛苦的簡要歸納。

《中阿含經．苦陰經》中，也闡明了欲的過患。《經》曰：「云何欲患？族姓子者，隨其伎術以自存活，或作田業，或行治生，或以學書，或明算術，或知工數，或巧刻印，或作文章，或造手筆，或曉經書，或作勇將，或奉事王。彼寒時則寒，熱時則熱，飢渴、疲勞，蚊虻所蜇，作如是業，求圖錢財。彼族姓子如是方便，作如是行，作如是求，若不得錢財者，便生憂苦、愁戚、懊惱……若得錢財者，彼便愛惜，守護密藏……若有王奪、賊劫、火燒、腐壞、亡失，便生憂苦、愁戚、懊惱。」說明了追求財富和失去財富導致的痛苦。

《經》中又說：「眾生因欲緣欲，以欲為本故，母共子諍，子共母諍，父子、兄弟、姊妹、親族輾轉共諍。彼既如是共鬥諍已，母說子惡，子說母惡，父子、兄弟、姐妹、親族更相說惡，況復他人。」這些因爭奪財富而導致的糾紛，從古到今不曾停止。不僅社會上彼此爭鬥，即使在朝暮相處的家庭中，在血脈相連的親人間，也時常因財產而造成各種糾紛，或夫妻反目，或父子敵對，或兄弟失和，或親族離散。究其根源，也是因為占有欲造成的。

《經》中接著說：「眾生因欲緣欲，以欲為本故，王王共爭，梵志梵志共諍，居士居士共諍，民民共諍，國國共諍。彼因鬥諍共相憎故，以種種器杖轉相加害，或以拳叉石擲，或以杖打刀斫。彼當鬥時，或死、或怖，受極重苦。」在我們這個五濁惡世，世人因欲望而彼此爭鬥，永無休止。商人與商人爭，政客與政客爭，國家與國家爭。當年，德國法西斯席捲歐洲，日本侵略者危害亞洲，使人們在世界大戰中遭受無盡痛苦。這一災難的始作俑者，也是欲望導致的霸權擴張。在武器落後的古代，戰爭只會造成局部地區的災難。而在科技高度發達的今天，倘若某些大國無法遏制自身的擴張欲，人類就會面臨毀滅性的打擊，其後果不堪設想。

如果想要解決由認識困惑和執著欲望帶來的痛苦，唯有依靠般若智慧的力量。

本經經名為《般若波羅蜜多心經》，波羅蜜，漢譯為度，即超越煩惱和生死瀑流，到達彼岸。但這裡所說的彼岸，並非東方琉璃世界，亦非西方極樂世界，恰恰是我們所在的現實人間。如果我們被無明所惑，就是煩惱、痛苦的此岸，彷徨、苦悶的此岸，空虛、不安的此岸。一旦開啟般若智慧，正見諸法實相，如法起修，如理而行，就會抵達安樂、祥和的彼岸，解脫、自在的彼岸。而般若正是將我們從此岸度到彼岸的舟楫。

三、解脫痛苦的原理

觀自在菩薩行深般若波羅蜜多時，照見五蘊皆空，度一切苦厄。

這段經文的大意是：觀自在菩薩進入般若深觀時，照見五蘊諸法皆空無自性，因而度脫一切痛苦與災難。印順法師在《般若經講記》中，將這段經文稱為「標宗」，即標明一經宗旨。可見，理解這段經文是學習本經的關鍵所在。

佛陀出現於世的根本目的，正是幫助眾生解脫痛苦，超越生死。我們學佛修行，也無非是為了離苦得樂。但當我們說到離苦得樂時，總有人不以為然，說什麼人生應該有苦有樂，才顯得豐富多彩；又說什麼苦樂是相對而言的，有苦方能有樂。類似論調，乍聽似乎不無道理，然而仔細推敲，卻是站不住腳的。如果說人生應該有苦有樂的話，那麼我們也應該像迎接快樂一樣，歡喜踴躍地對待痛苦。事實上，痛苦來臨時，我們會本能地逃避。

正因為如此，人類的一切行為，始終在通過各種方式逃避痛苦，追逐快樂。很少有人刻意追求痛苦，即使有，也不是以追求痛苦為目的，而是將之作為達到某種目的的過程，試圖追求另一種快樂。比如自虐，仔細考量的話，往往是因為心靈痛苦過於沉重，才以傷害身體來轉移痛苦。從這個角度看，自虐其實是為了緩解心靈痛苦，而非有意製造痛苦。至於那些覺得人生應該有苦有樂才豐富多彩的觀點，不過是「理想主義者」的說法，是「為賦新詩強作愁」的想像。一旦痛苦成為現實，就會避之唯恐不及，且想方設法地避苦趨樂了。由此可見，解脫痛苦不僅是佛法所解決的問題，也是世間法需要解決的。

1．認識苦，才能解除苦

那麼，如何才能解脫人生痛苦？佛法認為，首先要對苦有全面認識。唯有了解苦，方能對症下藥。

說到苦，大體可分為身苦與心苦兩種。所謂身苦，即色身之苦，一般來說，感覺大致相同。比如在嚴冬酷暑中，人們會被寒冷和炎熱折磨；處於病痛或被火燒刀斬時，都會感到疼痛難耐，不堪忍受。至於心苦，則是由內在煩惱引起的，其表現千差萬別，因人而異。例如同觀一輪明月，有人覺得清涼安寧，有人卻會黯然神傷；同遊一處風景，有人覺得心曠神怡，有人卻會悲從中來。

此外，佛法還將苦分為苦苦、壞苦、行苦三類。

【苦苦】

苦苦，是切實感受到的痛苦，即使佛陀不曾指出，我們也認為是苦的。如出生之苦、衰老之苦、病痛之苦、死亡之苦。此外，還有內因和外境共同造成的痛苦。如親人天各一方，為愛別離苦；所求不能如願，為求不得苦；怨家狹路相逢，為怨憎會苦；身心不得平衡，為五蘊熾盛苦。

【壞苦】

與苦苦相反，壞苦是我們以為的快樂感受。或許有人會不解，既然是快樂感受，為何屬於苦呢？從佛法智慧看，世間所有的快樂同樣是以痛苦為本質。當我們飢餓時，吃飽會覺得快樂，如果不斷地吃下去，還會覺得快樂嗎？當身體變髒了，洗澡會覺得快樂，如果沒完沒了地在水中泡著，還會覺得快樂嗎？當心情鬱悶時，看看電視會覺得快樂，但不分晝夜地看下去，還會覺得快樂嗎？由此可見，我們所謂的快樂，只是某種欲望滿足後，痛苦暫時得到的緩解，心理暫時出現的平衡。如果吃飯、洗澡在本質上是快樂的，那麼無論吃多少、洗多久都應該是快樂的。而且應該越吃越快樂，越洗越快樂。事實不然，只要這種行為超過身體所需，快樂立即會轉為痛苦。吃飯如此，洗澡如此，一切因欲望滿足而產生的快樂莫不如此。

正因為這種樂受能夠變壞，所以，佛法將之稱為「壞苦」。同時，樂受與苦受、憂受、喜受一樣，是變化無常的。我們貪著樂受和喜受，但這種感受不能恆常擁有，樂受伴隨著苦受，喜受伴隨著憂受，時時都處在變化之中。在四禪八定的修行中，初禪、二禪、三禪都是因為喜樂感受未除，仍不能避免火水風（火燒初禪、水淹二禪、風吹三禪）之災難，唯有到四禪捨念清淨，無喜無樂，才能平安無事。

【行苦】

行苦，是由遷流變化帶來的痛苦。世間一切都是無常變化的，此為自然規律。但世人不明真相，一味追求永恆，希望身體永恆、愛情永恆、家庭永恆、事業永恆、人際關係永恆。卻不曾想過，其中哪一樣可以永恆不變？只要我們觀察就會發現，再美好的事物也不可能天長地久，再健康的身體也不可能堅固不壞。這些本來屬於自然規律，但由於我們的需求和無常的事實相違背，因而導致「行苦」。

認識苦，不是為了被動地接受苦，而是為了積極地解脫苦。那麼，什麼是離苦之道？世人往往將改善外在環境作為解決方法，以為經濟繁榮了，物質條件改善了，人類就能由此獲得幸福。事實上，在物質條件遠遠超過古代的今天，社會問題及人類面臨的痛苦，並未比任何時代有所緩解，甚至會更多。原因何在？就在於沒能抓住問題核心。因為人類痛苦的根源是在心靈，試圖通過改善外境來解除痛苦，只是揚湯止沸，無法從根本上解決問題。

2．尋找痛苦之源

我們想要解脫痛苦，首先要了解有情的痛苦現狀，由此尋找痛苦之源。人類的種種痛苦固然和外在環境有關，究其根源，還是生命內在的問題。從佛法的角度看，一切痛苦都來自對「有」（存在）的迷惑和執著。想要除苦，必須對存在具備正確認識。

《心經》曰：「觀自在菩薩行深般若波羅蜜多時，照見五蘊皆空。」正是告訴我們，必須以般若智慧觀照五蘊。蘊，為集聚義。五蘊，分別是色蘊、受蘊、想蘊、行蘊、識蘊。

色：是色法的總和，包括過去色、現在色、未來色、粗色、細色等，統稱為色。對於物質現象，我們往往是從形狀（形色）、顏色（顯色）這些色相來認識的。因而，佛法以「色」代指物質。

受：為領納義，即我們面對順境或逆境時產生的情緒，包括苦、樂、憂、喜、捨等。

想：為取相義，當我們接觸外境時，必然會攝取事物的影象，為之安立名稱概念。

行：為造作義，是對事物加以判斷並付諸行動。

識：為了別義，是精神領域的統覺作用。

五蘊中，色蘊屬於物質現象，而受、想、行、識四蘊則屬於精神現象。

五蘊，是佛教對世間一切生滅現象所作的歸納和概括。世人對「有」的一切不能正確認識，在有情生命體上執有實在的我相，在六塵境界中執有實在的法相。此外，更對我、法生起種種顛倒分別及執著，造成人類的煩惱及痛苦。

《心經》的「照見五蘊皆空」，正是為了扭轉世人對「有」的錯誤認識。我們執「有」為實在，這個「有」就成了實在有。然而，世間一切生滅現象並非實有，其本質是空無自性的。這裡所說的「空」，並非什麼都沒有，而是告訴我們，五蘊的「有」，不是我們執著的實在性。所謂「有」，只是假有。而與之相對的「空」，則是對「有」的透視，是幫助我們破除對「有」的錯誤執著。

倘能照見五蘊皆空，由此而生的煩惱痛苦也就不存在了，從而度脫一切苦厄。

四、有空不二

舍利子，色不異空，空不異色；色即是空，空即是色；受想行識，亦復如是。

有與空，是哲學中的重要概念，也是佛法討論的重點。在《心經》中，色、受、想、行、識五蘊，代表有的存在。與之相對的，則是空。在常人的經驗中，總以為有與空是截然對立的，認為有不是空，空不是有。或者說，有在空外，空在有外。本經卻為我們闡述了有與空的辯證關係，說明有空不二的甚深原理。

要認識有與空的不二，先得說明有。在常人的觀念中，有，往往與「實在性」聯繫在一起。當我們說到有時，便會覺得那是自體有，實在有。人類對事物的實在感根深柢固，具有普遍和相通性。古人不知夢境不實，一旦做了惡夢，便驚恐萬狀，以為災難即將降臨，須以祈禱等方式化解。嬰孩不知鏡中影象是假，見到鏡中幻影，往往會亂抓亂笑。我們的認識雖高於古人和嬰孩，已知夢境不實，卻仍以為外在一切是實實在在的。

科學家對事物的認識更深入一些，但在分析物質現象時，往往執著構成物質的元素是實在的，如原子說、中子說等。哲學家似乎更高一籌，已能透視現象的虛假，卻又執著現象背後有永恆不變的本體，如泰勒士的「水」，巴門尼德的「存在」，柏拉圖的「理念」。從原始人到現代人，乃至科學家、哲學家，對存在的認識雖有不同深度，但對此產生的實在感是一樣的。

人類對有產生的實在感，正是「自性見」的表現。「自性」一詞，或譯自體，具有實在、恆常之義。從「自性見」出發，我們對「有」的一切，必然會產生實在感。然而，若以般若中觀的智慧觀察，所謂的「有」，只是緣起有。世間一切「有」的現象，莫不是眾緣所生。也就是說，任何一種有為現象的存在，都是由眾多條件和合而成，是由條件決定它的存在。

緣起與自性是勢不兩立的。世人無知，不了解「有」是眾緣和合的，才會出現自性見和實在感。如果認識到「有」的緣起性，必能了知其本質為無自性。所謂自性，即認為「有」的現象是自己有、自己成、自己規定；而緣起則正相反，看到「有」的一切為條件有、條件成、條件規定。因此，緣起的「有」不是本來如此，更非恆常、實在的「有」。對「有」產生實在感，是完全錯誤的。

1．經典所說的「有」

《大智度論》

《大智度論》中，將「有」分為三種：一為相待有，二為假名有，三為法有。

相待有：即相待而有，離開相待對象就無法說明。比如我們認為這個花瓶很大，那是相對小花瓶而言。此外，高是相對低而言，長是相對短而言，美是相對醜而言，善是相對惡而言，慷慨是相對吝嗇而言。離開大，小是什麼？離開美，醜是什麼？因為大小、高低、長短、美醜、善惡都是相待假立，是為相待有。

假名有：事物的存在不過是假名安立，隨不同因緣安立各自名稱。比如我們眼前的用具，人們稱之為「桌子」。但這桌子並非本來就有，不過是木頭等一堆材料的組合。離開這些材料，桌子是什麼？這個以木料製作而成的用具，古人將之稱為桌子，它便是桌子了。若當初將之稱為椅子，它便是椅子了。所謂的桌子或椅子，不過是由人安立並沿用至今的假名，並不具有實在性。人，同樣是一個假名。如果古人將我們這類有情稱為豬，而將豬稱為人。那麼，現在若是不稱你為豬，閣下聽了恐怕會生氣：你竟然瞧不起我，不把我當豬看待，真是豈有此理！可見，桌子或椅子，人或豬，乃至世間一切，都是假名安立，假名而有。

法有：世間萬物的名稱雖是假名安立的，但除名稱之外，尚有種種因緣形成的現象。比如桌子，雖然只是一堆材料、條件的組合，但這一現象是存在的，並具有相應的使用功能。所以說，這些緣起現象雖了無自性，但假相宛然。這種因緣法的有，便是法有。

《金剛經》

在《金剛經》中，佛陀也對有的實質作了精闢總結，那就是經中最為著名的偈頌：「一切有為法，如夢幻泡影，如露亦如電，應作如是觀。」

有為，指一切生滅、造作的現象。如夢，即夢境般虛假。夢境不實是眾所周知的，夢中人卻執以為實，必待醒後方知真相。諸法如夢，虛妄不實，有情卻因無明之故，執以為實，待見道後大夢初醒，乃知諸法實相。如幻，則是幻師以幻術變現的種種事物，如馬、車、房舍、人物等，雖無客觀實物，卻真切地出現於眼前，有色可見，有聲可聞。有的存在也是如此，雖空無自性，而假相宛然。如泡，指水因含有空氣而出現氣泡，華而不實，瞬間即逝，以此形容諸法的遷流變化，剎那生滅。如影，指物體在陽光下投射的影子，影由光而現，光線消失，影子隨之消失，以此形容諸法但隨緣現，緣散即無。「如露亦如電」，同樣比喻諸法存在的短暫性。「應作如是觀」，提醒我們以這一認識去看待「有」的一切。

《維摩詰經》

在與《心經》、《金剛經》同屬般若體系的《維摩詰經》中，維摩大士假示疾為大眾說「有」的真相：「是身如聚沫，不可撮摩；是身如泡，不得久立；是身如炎，從渴愛生；是身如芭蕉，中無有堅；是身如幻，從顛倒起；是身如夢，為虛妄見；是身如影，從業緣現；是身如響，屬諸因緣；是身如浮雲，須臾變滅；是身如電，念念不住。」這是從色身的生滅變化，說明有為法的無常，從而揭示存在的虛假性。

2．經典所說的「空」

明白了有，再來說明空。我們通常以為，有是存在，空是不存在。如是，有和空彼此對立。既然有，必定不是空；既然空，必定不是有。但以般若中觀的智慧觀察，空和有是一體的，並非二元對立。

所謂空，不必在有之外，也不必待事物毀滅後才是空。佛法所說的有是緣起有，有的當下就是自性空。佛法的特殊之處，就在於依有明空，有空一體。

《大智度論》

《大智度論》中，提出三種認識空的方法：一為分破空，二為觀空，三為自性空。

分破空：又稱析空觀，通過對有的分析，由粗而細，由細而微。佛教的有部學者就是用這種方法對五蘊色身加以分析，發現在色身中，所謂的「我」了不可得，從而提出「我空」。但在觀察色心現象時，一直分析到物質或精神不可分析的部分，提出「極微說」，認為此極微法實有，形成「我空法有」的思想。分破空的意義在於破除人我執。至於物質現象，倘加以分析，極微也是不能成立的。《唯識二十論》就對極微說進行破斥：只要有體積，就存在東西南北上下六方，就還可以分析，由此認為極微說不能成立。

觀空：是從觀想的層面認識空。瑜伽行者修習止觀時，能隨觀想顯現種種境相。修火觀成就時，所見之處皆為烈火；修水觀成就時，所見之處皆為大水。在生活中，「杯弓蛇影」的典故也說明了同樣的道理。某先生誤將杯中弓影錯認為蛇，以為自己將蛇喝入肚中，結果大病一場，待知道真相後，立刻痊癒如初。觀想中的水火及典故中的蛇影雖不存在，但在觀想和認識中，仿佛現實般歷歷在目。正是從觀想顯現的境界中，唯識行者證悟了外境無實、隨心所現之理，即「諸法唯識」。但他們雖能破除外境實有的執著，卻落入心有境空，所以這種空還是不究竟的。

自性空：世間外道由於不了解諸法的緣起性，在接觸事物時，難免出現自性見，以為事物是自己有、自己成、本來如此的。小乘有部雖知緣起之理，但同時也認為諸法本有自性。而以般若中觀的觀點來看，自性與緣起是不能並存的。《中論．觀有無品》說：「眾緣中有性，是事則不然，性從眾緣出，即名為作法……性若是作者，云何有此義，性名為無作，不待異法成。」緣起是作法，由眾緣所作而成；自性乃無作，自己有、自己成，不待眾緣便可成立。因而中觀學者認為：緣起必然無自性。此為自性空。

《心經》等

《心經》所說的「色不異空，空不異色；色即是空，空即是色」，也是從色法的緣起來說明自性空。色，沒有世人執著的自性，乃因緣所生的色法；空，也非世人以為的一無所有的頑空，或人死如燈滅之類的斷見，乃不礙緣起的自性空。《中論．觀四諦品》說：「未曾有一法，不從因緣生，是故一切法，無不是空者。」《十二門論．觀因緣門》也說：「眾緣所生法，是即無自性。」色是緣起的，其本質為無自性、空。因此，《心經》將之概括為：「色不異空，色即是空。」

有人覺得，「色即是空」還好理解，「空即是色」似乎就說不通了。造成這種看法的原因，還是因為把空理解為頑空。中觀所說的空，乃自性空，並不否定緣起假相。

《中論．觀四諦品》說：「眾因緣生法，我說即是無，亦為是假名，亦是中道義。」說緣起法是無自性空，並不壞緣起的假相，所謂緣起有而自性空，自性空而宛然有。因此，色不異空，空自然也不異色；色即是空，空自然也即是色。原本在世人心中截然對立的有空二法，藉般若中觀智慧的觀照，得到了統一。

空有不二的思想，是為了遣除有見和空見。世人因為不了解有，才會對有的一切生起錯誤認識，進而執著不捨，導致人生種種煩惱。「色即是空」，正是幫助我們透徹有的本質，透徹其虛幻、無常、無自性、空的本質。倘能具備這一認識，還會為有及有所帶來的問題煩惱嗎？還會為物所累嗎？

還有一部分人，雖已看破有的虛幻實質，但因為不了解緣起因果，認為既然一切是虛幻的，終將歸於毀滅，生存又有什麼價值可言，又有什麼意義值得追求呢？從而導致虛無主義的觀念，或是因為沒有目標而極度苦悶，走上絕路；或是因此放縱身心，為所欲為，走上另一個極端。《心經》所說的「空即是色」，正是為了對治這一邪見。萬物雖空無自性，但緣起因果是絲毫不爽的。因為一切善惡行為都會帶來相應果報，所以我們必須謹言慎行，斷惡修善。

五、諸法真實相

舍利子，是諸法空相，不生不滅，不垢不淨，不增不減。

1．空相

「是諸法空相。」諸法，指一切法。空相，不是空，更不是有，乃是空所顯的真實相。從另一個角度，空相也可稱為有相，即有所顯的實相。實相可以藉空而顯，或依有而顯，但本身是非空非有的。

2．不生不滅

不生不滅，是從事物的生滅、有無而言。要明白不生不滅的深意，先得說明生滅的內涵。生滅是有為法的特徵，三法印中的「諸行無常」，正是說明一切有為法的無常變化。對於物質現象的變化，經論中有「生住異滅」四相說：從無到有曰生，生而相續曰住，新陳代謝曰異，離散衰亡曰滅。此外，還有「生異滅」三相說，將四相中的住、異二相合為異相。因為萬物在住的階段也是異的過程，兩者是同時的，故住相可以歸為異相。無論是四相或三相說，皆可簡括為生滅二相。

關於生滅，經論中又分為三類：一為一期生滅，二為剎那生滅，三為大期生滅。

一期生滅：即有情生命從出生到死亡的過程，也就是我們一期生死所經歷的時間。任何人都難免生死，在我們走完這期生命之前，通常會耳聞目睹過親人、鄰居、朋友的死亡，也會在現實生活或新聞報導、影視作品中接觸過相關內容。因此，一期生滅對我們來說並不陌生。

剎那生滅：指事物在最短時間內產生的生滅變化，比較微妙。剎那是梵語，意為極短的時間，印度人將之作為時間的最小單位，僅一彈指間就有六十剎那。對一般人來說，是感覺不出剎那生滅的。雖然如此，事物仍在剎那中生滅變化，趨向敗壞。比如眼前這張桌子，從嶄新到敗壞是在不知不覺中進行的。如果桌子有片刻不在敗壞之中，那麼，它的前一刻和下一刻也不應該在敗壞。如果每一刻都不在敗壞中，那它就永遠不會敗壞。孔子說「交臂非故」，大意為，在兩臂相觸的短時間內，這個手已不是過去的那個手了。西方哲學家赫拉克利特所說的「人不能兩次踏進同一條河流」，也表達了同樣的含義。

大期生滅：是從整體的生命歷程而言。生命就像一道洪流，從無窮的過去一直延續到無盡的未來，無始無終。在這漫長的生命洪流中，今生只是其中的一片浪花。浪花雖然時起時滅，生命洪流卻始終都在延續。這生生不已的生命洪流，便是大期生滅。

人們通常將生滅視為實實在在的。說到生，就以為是自生，即自己派生自己，自己規定自己。或是將世間一切視為無因生，即毫無根據的偶然事件。世界為什麼會出現人類？是偶然的；我為什麼會成為媽媽的兒子？也是偶然的。自生或無因生，都是將生命視為實在、獨立的存在。生，是有實物可生，就不同於不生。因而，生與不生形成對立的兩端。生，就不是不生；不生，就不是生。這還是自性見的結果。

從佛法觀點看，世間不存在任何自生或無因生的事物。生滅的規律，是「諸法因緣生，諸法因緣滅」。所謂生，是緣聚而生。比如桌子，是因為具備木頭、油漆、鐵釘、木工等眾多條件，始有桌子的出現。又如這次講座，是因為明月居士林發心主辦，有眾多善信前來聽課，有應邀講經的各位法師，有活動場所，具足這些條件，才成就了這次「冬令營」。它的出現取決於眾多因緣，所謂緣聚而生。既不是自生，也不是無因生。

生是如此，滅又是如何呢？其實，滅也是隨緣而滅的。比如前面說到的桌子，一旦油漆失色、鐵釘鬆動、木頭腐朽，隨著構成桌子的各種因緣敗壞，這個名為桌子的器具也將隨之消失。我們這次講座也是如此，七天活動結束後，在座各位和講課法師將各奔東西，冬令營就不復存在了。這個滅，並不是什麼都沒有了。你們雖然不在此處，但仍在別處，只是組成這個冬令營的各種因緣散了。由此可見，佛法是以緣散來談滅。

認識到緣聚緣散的道理，我們會發現，所謂的生滅，其實就是不生不滅。從緣聚來看生，離開緣就無法可生；從緣散來看滅，離開緣又無法可滅。就如桌子，倘若離開鐵釘、木頭、油漆、木工等眾多因緣，哪裡來的桌子？因此，桌子的生，其實就是不生，因為它只是因緣的聚合，並非具有自性、獨立存在的事物。桌子的滅，同樣是由於因緣的離散，並非徹底消滅，一無所有。可見，桌子的滅，其實就是不滅，因為離開組成桌子的條件，就無法談滅。桌子如此，我們的冬令營，乃至世間一切有為法都是如此。

與生滅相關的有無，也需要附帶說明一下。我們常常以為，有是實在的有，無是實在的無。因而，有者不可無，無者不可有，於是落入有見和無見中。佛法是以生滅談有無，認為一切法之所以有，所以無，不過是因緣的和合與離散；存在與不存在，不外乎諸法緣生緣滅的現象。從生滅看有無，使我們認識到，生的擁有與滅的消失都不過是一種假相。有，沒有絕對、永恆的有；無，也不是實在、徹底的無。因而，我們不必為有而得意，也不必為無而沮喪。

3．不垢不淨

不垢不淨，是從事物性質而言。它所相對的垢淨，是隨有情好惡而建立的一對概念。通常，我們會將自己喜歡的視為淨，將自己討厭的視為垢。基於垢淨這一前提，在每個人的世界中，繼續分別好的、壞的，美的、醜的，有價值的、沒價值的，有意思的、沒意思的，等等。並認為這些都是客觀存在、固定不變的。

事實上，垢淨並非客觀、真實的存在，而是人為賦予、因人而異的。比如服裝，有人以簡潔為美，有人以華貴為美；有人以亮麗為美，有人以素淨為美；有人以莊重為美，有人以怪異為美，形形色色。又如食物，有人嗜辣，有人喜甜；有人口味重，有人愛清淡；有人無肉不歡，有人終身長素，所謂眾口難調。再如居住環境，有人喜歡居於鬧市，有人願意歸隱鄉村；有人注重實用，有人講究情調；有人迷戀豪華，有人欣賞簡約，各有所好。《大智度論》也記載了這樣的例子：對於一位女子，情人看了起愛，冤仇看了生嗔，兒女看了起敬，鳥獸望而逃離。為何大家對她的看法如此懸殊？這就說明，垢淨並非固定的，只是根據各人需要形成的標準，而且這一標準始終處於變化中。

至於事物本身的價值，也是人為賦予的。比如一隻精美的宋代瓷碗，在收藏家、鑒賞家的眼中，是價值巨萬的珍貴文物，為之朝思暮想，但求占為己有；而在不諳此道的外行看來，那只是一件可有可無的精緻工藝品；至於那些根本不知文物為何的人，很可能將之視為普通用具，與隨處可見的瓷碗並無區別。雖是同一個碗，但因人們對它的認識及好惡不同，才有了價值上的巨大差異。

又如饅頭與金子，哪種更有價值？或許有人會覺得：這個問題簡直問得多餘。饅頭與金子，難道有可比性嗎？答案還需要思考嗎？在通常情況下，固然是金子價高難得，但在特殊環境中，情況也可能發生變化。有個故事說：一艘船在海上遇難，其中有貧民也有富翁。當他們跳海逃難時，貧民帶了饅頭，富翁帶了金子。他們在海上漂流很久，飢餓難耐時，富翁想用全部金子和貧民交換饅頭，卻未能如願。最後，富翁抱著金子餓死海中，而貧民卻靠這些饅頭度過了生死難關。在那樣的危難時刻，饅頭和金子，什麼更有價值呢？

因為人們的觀念不同，以此為垢，以彼為淨。但這些所謂的垢淨是因人而異，也是因時而異、因地而異的，沒有絕對不變的標準。美與醜、好與壞、有價值與無價值等，也都是如此。在客觀世界中，並無絕對的垢，也無絕對的淨。因此，垢即不垢，淨即不淨。從這個意義上說，垢淨的實質，就是不垢不淨。

4．不增不減

不增不減是相對增減而言，是對事物數量的定義。由少到多曰增，由多到少曰減。通常我們會以為，增便是實實在在的增，減便是實實在在的減。比如有人經商發財，名下資產猛增，於是心花怒放。過些時候生意虧損，資產一日少於一日，又為此焦慮傷心。其實，增減並不是固定的。就像大海，每天潮漲潮落。當潮漲時，海水看起來似乎增加了；潮落時，海水看起來似乎減少了。從局部看，海水確實有增有減，但從整個大海而言，又何曾增減呢？又如明月居士林舉辦這次冬令營，大家從四面八方雲集於此。居士林的人員增加了，過幾天活動結束，諸位各奔東西，居士林的人員又減少了。從居士林這幾天的人數變化看，似乎有增有減，但從整個世界而言，依然還是那些人，並沒有什麼增減。

時常有人提到這樣一個問題：佛教講輪迴，但地球上過去的人口不足幾億，現在卻增加到幾十億，這些多出來的人從何而來？之所以會提出這類問題，也是因為孤立地看待增減。佛教所說的輪迴，並不局限於人類或地球，而是從十方世界，從一切有情生命來說。人口所以會增加，是因為人類生存環境較為優越，投胎因緣較以往更多。但在地球人類增多的同時，其他類型的生命卻在減少，比如野生動物就在逐漸減少乃至滅絕。因此，僅從人類來看，數量雖然有增有減，但從生命總體而言，仍是不增不減的。

從以上例子來看，佛法所講的增減也離不開因緣。增，是因緣使然；減，同樣是因緣使然。離開因緣，是無法談增減的。既然是隨緣而成，那麼，客觀上便沒有獨立不變的增減。所以增減只是一種假相。從這個層面看，增減就是不增不減。

對世俗中道來說，不生不滅，是生滅宛然；不垢不淨，是垢淨宛然；不增不減，是增減宛然。但就真諦而言，不生不滅、不垢不淨、不增不減又有另外的深意。生滅、垢淨、增減等一切差別皆了不可得，是為非生非滅、非垢非淨、非增非減，乃至言語道斷，心行處滅。

六、不住世間

是故空中無色，無受想行識，無眼耳鼻舌身意，無色聲香味觸法，無眼界乃至無意識界。

1．蘊、處、界

除前面所說的色、受、想、行、識五蘊外，佛教中，又將眼、耳、鼻、舌、身、意稱為六根，將色、聲、香、味、觸、法稱為六塵，合稱十二處。六根、六塵再加上眼識、耳識、鼻識、舌識、身識、意識，為十八界。蘊、處、界又稱三科，是對宇宙人生一切現象所作的不同歸納，我們可以從五蘊看世間，也可以從十二處、十八界看世間。

五蘊已如前釋。十二處中，處為生門之義。眼、耳、鼻、舌、身、意六根，緣色、聲、香、味、觸、法六塵，是精神活動產生的管道。由眼根緣色塵生眼識，耳根緣聲塵起耳識，鼻根緣香塵生鼻識，舌根緣味塵起舌識，身根緣觸塵起身識，意根緣法塵生意識，這是六根緣六塵生六識。此外，根塵識三和生觸，又由觸引生受、想、思等心所。可見，人類的精神主體及心理活動，皆是由根塵為緣而產生的。

十八界中，界含有層、根基、基礎、種族諸義，是將世間萬物歸為十八大類。六根是從生理世界而言，六塵是從物理世界而言，六識是從心理世界而言。

三科諸法主要揭示了世間的現象差別。作為學佛者，又該如何觀照世間呢？《心經》曰：「是故空中無色，無受想行識，無眼耳鼻舌身意，無色聲香味觸法，無眼界乃至無意識界。」這就告訴我們，對於世間一切現象，都要認識到它是空的、無自性的。但我們切莫誤以為這裡說的無是一無所有，假如這樣理解，經文豈不是與現實矛盾？對經中所說的無，我們應該運用前面所說的公式來認識。

如「無眼耳鼻舌身意」，即可演繹為：眼不異空，空不異眼；眼即是空，空即是眼。耳鼻舌身意、色聲香味觸法亦復如是。一切諸法，都可以作這樣的觀察。

2．我執的表現

那麼，經中說三科諸法為空的意義何在？三科諸法，包含了有情世間及器世間。有情世間者，如五蘊、十二處的六根，十八界的六識。世人對此不能正確認識，於中生起我相，恆審思量，念念執我，並由此而起我痴、我見、我愛、我慢，形成以強烈自我為中心的生命形式。

以自我為中心，執五蘊為我，給有情帶來種種煩惱。煩惱，是擾亂內心寧靜的因素。一旦被煩惱侵擾，人生就不得安寧，不得自在。眾生一切煩惱，多由執我而生。比如對色身的執著，有些人因相貌平平而煩惱，有些人因身寬體胖而煩惱，有些人因身材矮小而煩惱，也有些人因體弱多病而煩惱。又因執我，衣食住行也會帶來種種煩惱。比如吃，有些人吃了上頓愁下頓，也有些人吃膩了山珍海味，天天為不知吃什麼而煩惱；比如穿，有些人為沒有禦寒衣物而發愁，也有些人衣服多得穿不完，又為不知選哪件而煩惱。為了一個「我」，就足以讓人煩惱、操勞一輩子了。

基本生存解決後，還要為「我」的安全感積累財富。這就使得很多人為之拚命工作，辛苦創業。假如沒有特殊技能，找工作就很艱難，需要面對激烈的競爭。即使找到工作，競爭可能更加激烈。如果有幸創辦了自己的事業，又終日要為這副沉重的擔子耗盡心思。工作原是為了維持生存，更有品質地生活。但現代人往往在工作中消耗一生，沒時間也沒心情來享受生活，豈非本末倒置。忙了一輩子，好不容易等到退休，卻已陷入忙碌的慣性中，反而覺得失落彷徨。

為了使「我」更風光，又會引發名譽問題。佛法將世人最主要的欲望歸納為財、色、名、食、睡五種。可見，人們對名譽的渴望是強烈而普遍的。我們生存在這個世間，不僅要吃、穿、住，還要有相應的社會地位。這一地位不僅取決於職位、事業，更取決於我們的德行和名聲。倘若德高望重，名聞四方，就會處處受人尊敬，反之則會遭人唾棄。因此，人人都很看重名譽，為維護名譽而對簿公堂者也大有人在。

作為「我」的存在，思想、認識也是重要組成部分。因為執我，人們往往熱衷於「我」的思想，「我」的見解。假如得不到他人理解，就會為此傷心難過。在這個世間，既有因不同宗教信仰導致的爭鬥，也有因不同政治主張產生的對立；既有因不同學術觀點引發的辯論，也有因不同生活方式出現的分歧。我見，使世界出現是非紛爭，障礙人與人之間的和諧相處，更使人們局限在原有認識上不能進步，影響對真理的認識。所以說，我見是一切煩惱生起的根源。

眾生因執著我相帶來的煩惱還有很多，此處不再一一詳述。總之，人類一切煩惱皆以執我為根源。正如《菩提道次第略論》所言：「由我貪增上，以我愛執持，從無始生死直至於今，生起種種不可欲樂，雖欲作一自利圓滿，執自利為主，以行非方便故，雖經無數劫，自他義利皆悉無成。非但不成而已，且純為苦所逼迫。」眾生執我，原本是為了我的幸福，然而事與願違，反而帶來種種煩惱。

3．執著的過患

《心經》所說的「無」，正是對有情生命所作的透視。從佛法觀點來看，有情生命不外是五蘊和合的假相，是生理（六根）及心理（六識）的和合。常人執五蘊為我，但以般若智慧來看，不論在五蘊還是十二處中，所謂的我，皆了不可得。我們不可執五蘊為我，更不可執五蘊之外有我。倘若我在五蘊之外，又如何與五蘊建立關係呢？

《金剛經》和《心經》同樣，也是以談空為核心的典籍，其重點在於「無我」。經中說道：「若菩薩有我相、人相、眾生相、壽者相，即非菩薩。」又曰：「如我昔為歌利王割截身體，我於爾時無我相、無人相、無眾生相、無壽者相，何以故？我於往昔節節支解時，若有我相、人相、眾生相、壽者相，應生嗔恨。」又曰：「以無我、無人、無眾生、無壽者，修一切善法，則得阿耨多羅三藐三菩提。」又曰：「若復有人知一切法無我，得成於忍，此菩薩勝前菩薩所得功德。」這些都說明了無我對修習菩薩道的重要性。

明瞭「無我」的真相，能使我們超越自我。世人因不滿於自我現狀，想方設法地試圖超越，但所作努力往往難以奏效。問題何在？無非是因為我執在障礙。我們現有的人格是以自我為中心形成的，如果我執不曾動搖，怎麼可能改變生命、超越自我呢？就像戴著滿身枷鎖，卻以為從這間屋走入另一間屋即可解脫，可能達成期望嗎？要想超越自我，首先必須放棄我執，砸碎束縛我們的枷鎖，唯有這樣，才是究竟解脫。

與有情世間相對應的，是器世間。這也取決於有情的認識能力，即眼識所見的色相世界，耳識所聞的音聲世界，鼻識所嗅的氣味世界，舌識所嘗的味道世界，身識所感的觸覺世界，意識所緣的法塵世界。具足六根、六識者，始有六處世界。倘若不具眼根，就會失去色相世界；不具耳根，就會失去音聲世界。

佛法將器世間歸納為以上六處，又稱六塵。塵，即塵埃，有染汙義。也就是說，六處有染汙六識的作用。當六識尚未接觸六處境界時，我們心是平靜的，也就是俗話所說的「眼不見，心不煩」。一旦接觸境界，就會產生相應的情緒波動。見到仇人時，立刻怒火中燒；見到戀人時，轉而貪戀愛著；聽到批評時，立刻傷心苦惱；聽到讚歎時，轉而心花怒放。如是，時時都在各種情緒中轉來轉去，片刻不得安寧。

世人不了解六塵，住著六塵境界，遂為八風所動。所謂八風，即利、衰、毀、譽、稱、譏、苦、樂。其中，利和衰相對，毀和譽相對，稱和譏相對，苦和樂相對。利是利益，如經商賺錢；衰是損失，如生意虧本；毀是誹謗，如遭人汙蔑；譽是名譽，如美名遠揚；稱是稱歎，如受人讚頌；譏是譏笑，如遭人挖苦；苦是逆境，如挫折連連；樂是順境，如事事如意。八風，是世間最普遍的八種順逆境界。世人終日為八風所吹，時而苦樂，時而憂喜。又因隨境所轉，使內心動盪不安。

住著六塵，使我們在意世間的稱譏毀譽。名言概念原是約定俗成的假名，是人們在特定文化環境中賦予它的，並非固定不變的實體。比如被人說「了不起」，對於確有成就者，那是稱讚；而對一無所長者，這三個字又成了挖苦。同樣的概念，可以是褒義，也可以是貶義。那麼，它的實際含義究竟是什麼呢？

其實，「了不起」只是符號，與事實本身並不是一碼事。如果我們被人讚歎「了不起」，可能確實有過人之處，也可能只是別人泛泛的客套，並無實際意義。而從另一個角度來說，假如我們真有能力，即使別人不讚歎，依然是了不起的；假如我們只是沽名釣譽，也不會因為這一聲讚歎就變得了不起。然而世人因為執著聲塵，總是樂於聽到恭維讚歎。一旦遭遇批評逆耳之言，輕則垂頭喪氣，重則暴跳如雷。如是，內心完全被輿論左右，無法自主。

住著六塵，也使我們在乎得失。世人總是活在得失中，比如經商，不是賺錢就是虧本；又如高考，不是錄取便是落榜；再如戀愛，不是喜結良緣就是各奔東西；組成家庭，不是琴瑟和諧就是親人反目。從常情而言，人們總是愛得而恨失。然而，得失就像一對孿生姐妹，有得之處必有所失，且往往是顧此而失彼的。因為我們的時間、精力有限，投入在這裡多一些，自然會忽略其他。有人忙於事業，錢財是有了，閒情卻沒了；有人忙於娛樂，玩得固然痛快，學業卻因此荒廢了。此外，有些是先得而後失，如先發財後破產；有些是先失而後得，如越王臥薪嚐膽而吞併吳國；也有些是在得失中反覆，失即得，得即失，如塞翁失馬。

正因為得失相依相存，所以面對任何得失時，我們都不應偏執一端。但這正是世人常見的追求誤區。讀書時，把全部希望寄託於此；戀愛時，又把所有快樂託付其中；創業時，則將人生終極價值維繫此間。如果將人生的一切建立於某個方面，即使在此獲得成功，也往往會失去許多其他快樂。倘若不幸失敗，則會失去全部精神依託，彷徨無依。反之，如果明瞭得失的相互關係，得到時不會忘形，因為那只是暫時的；失去時也不會沮喪，因為失去的同時，我們往往會收到命運的另一份禮物。

在今天這個時代，人們的追求可以說比以往任何時代更單純，以為有錢就能過得快樂幸福。其實，財富只是構成人生幸福的諸多因素之一，更重要的，是我們的身心健康。沒有平和的內心、健康的身體，我們就無法享用財富。一個人煩惱時可以逃避環境，但不論有多少財富，也無法逃避內心。帶著煩惱，即使走到天涯海角，也會鬱鬱不樂，無法開懷。

對人生幸福來說，首先決定於內心安樂，其次是身體健康，此外才是財富、地位、事業等身外之物。然而，現代人往往忽略心靈健康的意義，一方面為追求財富用盡心思，一方面又在擁有財富後盡情放縱。總之，內心時常處於不平衡、不健康的狀態，幸福自然遙不可及。正因為如此，有錢人雖然越來越多，但真正感覺幸福者卻寥寥無幾。這也使我想起一個現實中的事例。有人曾參加過一位老總在豪華酒店舉行的生日晚宴，有親朋好友及各界名流、新聞媒體等各方嘉賓前來祝賀，場面無比隆重。晚宴結束，他問主人感覺如何，主人卻懷念起十五年前生日時，母親煮的五個雞蛋。今天雖然極一時風光，心情卻遠不如昔日輕鬆快樂。可見，幸福並非來自外在的奢華，而是來自內心的感受。

4．怎樣才能不住

住著六塵，給人生帶來種種煩惱。我們想要解脫煩惱，必須將般若智慧運用於生活，時時以般若觀照六塵，照見六塵皆空，煩惱自然不生。當我們因財富帶來煩惱時，就可思惟《心經》的公式：財富不異空，空不異財富；財富即是空，空即是財富。以此提醒自己：財富是緣起的，沒有固定不變的實質，隨緣而聚，隨緣而散。財富也是一種存在的假相，是無常無我，如夢幻泡影的。倘能對財富具備這樣的認識，還會為財富所累嗎？

與此類似的，還有《金剛經》的公式。《經》曰：「如來說世界，非世界，是名世界。」「所謂微塵，即非微塵，是名微塵。」我們同樣可以將這一公式運用於現實中。當你因丈夫而生起煩惱時，就要想到：所謂丈夫，即非丈夫，是名丈夫。以此提醒自己：夫妻關係並非固定不變的，只是由於某種因緣才結為夫妻，形成丈夫、妻子的相互關係。但這一關係也要受到無常規律的支配，一旦不具足相關因緣，其關係也會隨之解體。他現在是你的丈夫，以後也可能成為其他人的丈夫。倘能具備這些認識，緣聚時彼此珍惜，緣散時互道珍重，也就沒有為此而起的煩惱了。

世間一切皆可作如是想。比如對待兒女：兒女不異空，空不異兒女，兒女即是空，空即是兒女。或者是：所謂兒女，即非兒女，是名兒女。又如對待友誼：友誼不異空，空不異友誼，友誼即是空，空即是友誼。或者是：所謂友誼，即非友誼，是名友誼。再如對待地位：地位不異空，空不異地位，地位即是空，空即是地位。或者是：所謂地位，即非地位，是名地位。財富、事業、家庭等等，亦復如是。倘能將這些觀念落實於心行，世間就沒什麼可以對我們構成障礙了。

人生一世，無不希望自己能瀟灑走一回。什麼是瀟灑？有人以為一擲千金是瀟灑，有人以為一身名牌是瀟灑，有人以為豪宅名車是瀟灑，也有人以為萬眾矚目是瀟灑。其實，那些只是一時風光。這種風光所帶來的，往往是更大的障礙。在生活中我們可以發現，很多人為保持以往的風光，保持相應的生活水準，不得不終日勞碌，四處奔忙。一旦風光不再，就會痛苦失落。事實上，這種風光並非人生之必需。我覺得，瀟灑是建立在超越束縛的基礎上。倘能處處以般若智慧觀照人生，不為物役，富貴能夠自在，清貧同樣自在，那才是真正的瀟灑。

七、超越生死

無無明，亦無無明盡，乃至無老死，亦無老死盡。

人生問題包羅萬象，總括起來，不外乎「生死」二字。世人關心生活，其實，生活只是生的一部分。人生從何來，死往何去？古往今來，東西方各種哲學、宗教都在努力探討生的來源及死的歸宿。作為人生智慧及生命科學，佛法不僅對有情生死問題有著深入探究，更為我們指出了解決之道。

無明至老死，揭示了有情生命延續的十二個過程，又名十二緣起。內容為：無明緣行，行緣識，識緣名色，名色緣六入，六入緣觸，觸緣受，受緣愛，愛緣取，取緣有，有緣生，生緣老死。以下將簡要介紹其含義，並說明彼此關係。

1・無明

佛教以光明代表智慧，無明，就是缺乏了悟生命真相的智慧。因為缺乏智慧，有如身處黑暗，使人充滿困惑，看不清自己，也看不清世界。無明又是痛苦產生的根源，在「人生的大智慧」這部分，列舉了凡夫認識上的種種困惑。這一切，都是由於眾生無始以來的無明所致。

2・行

行是行為，主要包括三方面：一是思想行為，如想做好事的善念，或想幹壞事的惡念。二是語言行為，指生活中的各種語言，有愛語、真實語、利他語等善的語言，也有兩舌、惡口、妄語等不善的語言。三是身體行為，有禮佛、誦經、布施等善行，也有殺生、盜竊、邪淫等惡行。

人由於我執我見，往往對自身行為充滿自信，以為凡是自己想的、說的、做的都是合理的。但我們知道這些行為是在什麼狀態下產生的嗎？佛陀告訴我們：無明緣行。對於凡夫來說，一切行為的心理基礎不是其他，正是無明。所以這些行為的正確程度，也就可想而知了。更要注意的是，不論是善行或惡行，並不會隨著行動結束而結束。換言之，任何一種已經發生的行為，都會轉化為種子，成為推動生命延續的潛在力量。比如我們為希望工程捐款，從客觀上說，這一善行能使部分失學兒童因此得益；對自身而言，既在長養慈悲等正面心行，也在克服吝嗇等負面心理。所以說，身口意行為不僅會形成客觀結果，還會對內心產生影響，這是我們必須加以關注的。

3・識

識是支撐有情生命的三種主要力量之一，此外是壽和暖。壽，是一期生死的時限；暖，是身體具有的溫度。對於生命體而言，三者缺一不可。當壽限到來，識就會離開色身。於是乎，這個會說會動、會唱會跳的身體馬上變為冰冷的軀殼，進而腐爛敗壞，化為塵土。所以，識是執持有情生命的重要組成部分。人們受世間常見的影響，只看到色身存在，卻未看到識的作用，才會有「人死如燈滅」的誤解。

須知，我們看到的那個有形色身，只是生命的存在形式。而無形的識，才是生命載體。所以說，死亡僅僅是一期生命形式的結束。離開這一色身後，識還在繼續，還將以另一種生命形式出現。

行緣識，是說識在下期生命的結生相續時，需賴「行」的推動。此處，「行」指往昔善惡行為留下的種子，又稱業力。這是推動識繼續投生的力量，就像火箭推動衛星上天。《瑜伽師地論》對這一過程有詳細闡述：「彼於爾時，見其父母共行邪行所出精血而起顛倒。起顛倒者，謂見父母為邪行時，不謂父母行此邪行，乃起倒覺，見己自行，見自行已，便起貪愛。若當欲為女，彼即於父便起會貪；若當欲為男，彼即於母起貪亦爾。乃往逼趣，若女於母，欲其遠去；若男於父，心亦復爾。生此欲已，或唯見男，或唯見女。如如漸近彼之處所，如是如是，漸漸不見父母餘分，唯見男女根門。即於此處，便被拘礙。」人類投生既是由業力推動，也是由淫欲心驅使。足見淫欲在有情生命中的地位。在弗洛依德的精神分析中，有戀母情結及戀父情結之說。從《瑜伽師地論》來看，弗氏之說也有一定道理。有情投生，正是基於情欲之心。男子於母親起貪愛，女子於父親起貪愛。

那麼，有情受生的當時，所見又是什麼情景呢？《瑜伽師地論》對此也有說明：「若薄福者，當生下賤家，彼於死時及入胎時，便聞種種紛亂之聲，及自妄見入於叢林、竹葦、蘆荻等中。若多福者，當生尊貴家，彼於爾時，便自聞有寂靜、美妙、可意音聲，及自妄見升宮殿等可意相現。」投胎者福報不同，受胎時所見境相亦不相同。

關於生命的構成，唯物者以為是物質派生意識。《瑜伽師地論》則認為，意識也有自身的遺傳系統。《論》曰：「爾時父母貪愛俱極，最後決定各出一滴濃厚精血，二滴和合，住母胎中，合為一段，猶如熟乳凝結之時。當於此處，一切種子異熟所攝，執受所依阿賴耶識，和合依託。云何和合依託？謂此所出濃厚精血合成一段，與顛倒緣中有俱滅。」生命的物質基礎是父母的精卵，其精神基礎則是阿賴耶識。正是由父母精卵與阿賴耶識和合一處，才完成這期生命的最初狀態。

那麼，阿賴耶識與父母精卵又是什麼關係呢？《瑜伽師地論》說：「又此羯羅藍色與心、心所安危共同，故名依託，由心、心所依託力故，色不爛壞。色損益故，彼亦損益，是故說彼安危共同。又此羯羅藍識最初托處，即名肉心，如是識於此處最初托，即從此處最後捨。」阿賴耶識與父母精卵相互依賴，安危與共。當壽限到來，也是由識的離去，宣告此期生命的結束。

4．名色

名，即受、想、行、識四蘊；色，即色蘊。我們現在的生命體，不外是名和色的和合。或許有人會問，之前已專門談過「識」，五蘊中又有「識蘊」，二者豈非重複？須知，前面所言的「識」，是指生命的根本識，即經論所說的「阿賴耶識」或「第八識」。而五蘊中的「識蘊」，則是由根本識派生的前六識。如《解深密經》說：「阿陀那識為依止，為建立故，六識身轉，謂眼識，耳鼻舌身意識。」此處的阿陀那識，即阿賴耶識異名。由阿賴耶識為根本依止，前六識才能生起活動。

阿賴耶識住胎後，在它的執持下，生命的最初結構發生變化。《瑜伽師地論》說：「由一切種子識功能力故，有餘微細根及大種和合而生，及餘有根同分精血和合摶生，於此時中，說識已住結生相續，即此名為羯羅藍位。」由根本識投胎，已進入住胎狀態。又由根本識的執持，生命開始形成。

5・六入

六入，即六根，是有情生命接收外部資訊的六個窗口，分別是眼根、耳根、鼻根、舌根、身根、意根。

所謂名色緣六入，是說六入在名色的基礎上發展而來。前面講到有情住胎，生命在最初住胎階段，身心處於混沌狀態。生理上，根身尚未形成；心理上，六識活動尚不明顯。但隨著時間推移，名色逐漸形成六入。這一過程，《瑜伽師地論》也有描述：「此羯羅藍中，有諸根大種，唯與身根及根所依處大種俱生，即由此身根俱生諸根大種力故，眼等諸根次第當生。又由此身根俱生根所依處大種力故，諸根依處次第當生。由彼諸根及所依處具足生故，名得圓滿依止成就。」諸根大種，即地水火風四大。四大為所依止，生起眼等六入，這是色身的形成情況。精神方面，以根本識的種子為依止，根身為緣，六識隨緣生起。

6．觸

觸是一種心理狀態。在《百法明門論》歸納的五十一種心所中，屬於普遍活動的五種心理（五遍行）之一。其活動通善惡無記三性，遍及三界九地，遍及有漏無漏、世出世間，並與八識心王相應，故稱普遍活動。

《成唯識論》說：「觸謂三和分別變異，令心、心所觸境為性，受、想、思等所依為業。」十二因緣中，以六入生觸。但在《成唯識論》中，卻將六入列為生起觸的因緣之一，提出三和生觸。三和，為根、境、識三種相應。即由六根、六塵、六識的和合，而能生起六觸。如眼根、色塵、眼識和合，始能生起眼觸。由此可見，六入緣觸是以六入為觸生起的重要因緣，但並不代表一切。

觸，是由根境識和合產生的感覺。作為精神領域最基本的心理之一，觸心所又是其他一切心理活動產生的基礎。在五遍行中，受、想、思三種重要心理都是在觸的前提下生起。十二因緣中的「觸緣受」，也是基於這種情況。

7．受

受也是一種心理狀態。《成唯識論》說：「受謂領納順、違、俱非境相為性，起愛為業，能起合、離、非二欲故。」受是領納義。領納什麼？領納順適的境界、違損的境界和非順非違的境界。當我們面對逆境時，會生起苦受、憂受；面對順境時，又會生起樂受、喜受；而非順非逆的中庸境，則與捨受相應。受能引發對所緣境的染著，因而對境界就有合、離和非合非離的希求。

8．愛

愛也是一種心理狀態，為依戀義。當我們接觸順境時，內心自然感到快樂、歡喜，於是對所緣境生起依戀之情。通常所說的依依不捨、留連忘返，都是愛的表現。人類由於貪著驅使，處處都表現出愛戀情結。愛戀優越的條件，愛戀和諧的家庭，愛戀可口的飯菜等等。在這些愛戀中，又以男女間的相互愛戀最具影響力。

愛是一種占有。不論是愛一件物品，或是愛一個人，一旦產生依戀，就希望屬於自己所有。有些人依戀優越的物質環境，覺得生活中有了這些才舒適自在，所以千方百計地創造條件。有些人依戀兩情相悅的感覺，於是從戀愛發展到結婚，希望長久占有對方，不再分離。十二因緣中的「愛緣取」，就反映了從戀愛到彼此占有的過程。

愛還是一種牽掛。那些熱愛家鄉的人，不論走到天涯海角，總會關心家鄉的變化。那些熱愛事業的人，即使在工作之餘，也會時時為事業操心。那些熱愛兒女的人，更是被兒女的學習、生活占據了全部精力。

愛更是一種束縛。它就像是膠水，把兩個對象牢牢黏住；它又像繩索，一旦捆住就別想逃脫；它還像羅網，使人們在網中彼此糾纏，彼此束縛。所以世人將男女戀愛稱為墮入情網，可謂準確而形象。

9．取

取是占有。佛法認為，取有欲取、見取、戒禁取、我語取。欲取，是對財、色、名、食、睡五欲境界的占有；見取，是對自己的見解、觀念執以為是，執以為真，甚而強加於人；戒禁取，是執取種種非佛教的錯誤戒律；我語取，是在五蘊法中執我，以為自己就是天下第一。所謂愛緣取，就是執著自己喜愛的對象，並想牢牢地占有它。

10．有

有是業有。我們想要得到自己喜愛的人或物，就會採取行動。這行動可能是道德的，也可能是不道德的。不論通過什麼方式進行，這些行動都會留下痕跡，成為業種，儲存在阿賴耶識中，演變為推動未來生命發展的動力。

11．生

生是受生。生命延續包括四個不同時期，即生有、本有、死有、中有。生有，是投生、住胎的剎那；本有，是從投生開始到死亡前，是一期生命的發展過程；死有，是死亡的那一剎；中有，則是從死亡開始，直到投生前的剎那。通常，人們總以為生命將隨著死亡徹底結束。其實當一期生命走向死亡，就會進入中陰身，經中形容為「如秤兩頭，高低同時」。中有身的出現，與本有色身的敗壞是同一時間。其生存期限，是隨生有的出現而結束，一般為七天或四十九天。

有緣生，是說業力決定我們的投生。佛教認為業有兩種，一曰引業，二曰滿業。引業是總業，將有情引向六道任何一趣，如投生天道、人道、地獄、餓鬼等，就是由引業決定的。滿業，又名別業，決定有情在那一趣的生存狀態，如感得男女、貧富、美醜等，都是滿業決定的。

《唯識三十論》曰：「由諸業習氣，二取習氣俱，前異熟既盡，復生餘異熟。」業習氣，即業種子。由於業種的力量，招感有情生死果報。前期業報結束，其他業因隨即成熟，繼續推動生命投生。如是，業力無盡，生死無窮。

12．老死

老死：是衰老和死亡。有情受生之後，必然走向衰老、死亡。

有情生命的延續，就是由這些步驟構成，佛法稱為十二因緣，即相互依賴的條件。佛經對它的定義是：「此有故彼有，此生故彼生，此無故彼無，此滅故彼滅。」這四句話又可簡單歸納為三個字，那就是「此故彼」。彼之所以存在，是因為有此的存在。結合十二因緣來看，有無明存在，故有行的存在；有行的存在，故有識的存在；有生的存在，故有老死的存在。十二因緣中，前支都是後支生起的條件。

此外，古德還將十二因緣分為三世二重說明：以無明、行作為過去因，以識、名色、六入、觸、受作為現在果；以愛、取、有作為現在因，以生、老死作為未來果。對此，我們不可機械地理解。比如無明，它雖是過去因，但在眾生生死過程中，無論何時何地，無明都是存在的。

佛教又將十二因緣歸納為惑、業、苦三法。惑是迷惑，代表有情生命的現狀，以無明、愛、取為惑。業是業行，以行、有為業。苦即苦果，以識、名色、六入、觸、受、生、老死為苦果。生命的延續，就是由惑造業，由業感果。在生死苦果中，又繼續起惑、造業。如是，盡未來際輪迴不息。

從無明盡到老死盡，正是佛陀教導聲聞弟子的修行方法。眾生隨十二因緣的相續，由此有故彼有，在輪迴中死而後生，生生不已。如何才能從十二因緣的循環中解脫出來？必須透徹其發展規律，並從還滅門加以觀察。前面說過，十二因緣的原理是「此有故彼有，此無故彼無」。比如老死，誰都討厭，但誰也避免不了。我們為什麼有老死？是因為有生。那麼，我們當時因何受生，為何投生這個而非那個家庭？是誰在安排這一切？其實，也是往昔業力所決定。業力面前，人人平等，誰也無法享有特權。而當初所以會去造業，又是因為占有欲的驅使，不知有因必然有果。如此，一步步從果推到因，正是十二因緣中還滅門的觀法。

依還滅門的觀法，明瞭老死是因為生，生是因為有，乃至行是因為無明。沒有生，就不會有老死，乃至沒有無明，就不會有行。聲聞乘的解脫，正是從還滅門入手修行。由聞思經教而樹立正見，通過修習戒定慧三無漏學，開發般若智慧，徹底打破生命的無明狀態。無明滅則行滅，行滅則識滅，乃至生滅則老死滅，從而獲得人生的大解脫。

有無明，有老死，隨無明到老死而流轉，這是凡夫境界；認識到無明直至老死的過患，滅盡無明以及老死，這是聲聞境界；以般若慧觀照無明乃至老死，照見無明乃至老死皆無自性，皆是空性。認識到無明不異空，空不異無明，無明即是空，空即是無明，這是菩薩境界。

怎麼理解「無無明亦無無明盡，乃至無老死亦無老死盡」呢？那是告訴我們，沒有無明，就沒有無明的消失；沒有老死，就沒有老死的消失。在聲聞行者的認識中，覺得有實在的無明，所以才有無明的滅除；有實在的老死，所以才有老死的滅除。而在菩薩的境界中，以般若智慧觀照無明乃至老死，皆是無自性空。換言之，無明乃至老死不過是因緣假相，如夢幻泡影。因此，菩薩不是一味厭離生死，而是在生死中通達生死的了不可得，在生死中超越生死。

八、煩惱即菩提

無苦集滅道。

在佛教中，苦、集、滅、道被稱為四諦法門。諦，為真實義。四諦，即四種真實不虛的道理。佛陀成道後在鹿野苑初轉法輪，就是對憍陳如等五比丘開示四諦法。此後，佛陀說法四十五年，施設種種法門，都沒有離開這一綱領。因此，四諦被視為佛法根本，對修行有著極其重要的指導意義。

四諦包含兩重因果。其中，苦、集二諦為迷的因果。集是因，苦是果，由集感苦，是凡夫的雜染因果。滅、道二諦為悟的因果。道是因，滅是果，由道證滅，是覺者的清淨因果。這也代表了兩種不同的人生，一是以情為本的人生，一是以智為本的人生。學佛，正是轉迷為悟、轉染為淨的過程。

佛陀又有大醫王之稱，因為他所施設的教法可對治有情生命中存在的病態。四諦法門正是佛陀根據良醫治病的程式而建立的。良醫給人治病時，首先要清楚病人的狀況，找出得病的原因，弄清此病通過治療能恢復到什麼程度，才能對症下藥。醫生所能治療的，只是人類的身病。而佛陀醫治的是眾生心病。其治療程式，就是四諦法門。

1．苦諦

苦，是有情生命的現狀。佛教認為人生是苦，認為有漏皆苦。因為這一點，有人就說學佛是逃避現實，是自討苦吃。這種看法是片面的。佛陀說人生是苦，正是為了幫助我們正視生命的現實。我們面對的現實是什麼？是家庭、財富、地位嗎？那些固然也是現實，卻只是現實的一部分。其實，人生最大的現實，是生、老、病、死，是無常、因果、苦空。認清這些，才能有效地解決痛苦，改變現實，提升生命品質。那些沒有學佛的人，雖然每天都在為眼前的現實忙碌，卻不曾發現、也不敢面對生命真正的現實。

比如說病，人們要是得了感冒、發燒之類的小病，多半都能保持鎮靜，如果得了晚期肝癌等不治之症，就很少有人能坦然面對了。不少病人在沒有了解自身病況前，還能談笑風生，一旦得知真相，就會痛苦不堪，乃至精神崩潰。原本的病情可能還不至於立即喪命，還能存活數年，卻因巨大的精神負擔，使病人幾個月後就一命嗚呼。所以醫院查出不治之症後，一般都是通知家屬，卻對病人保密。為什麼這樣做？就是因為多數病人不敢面對真相。

死就更可怕了。關於死，魯迅先生曾寫過這樣一個故事：某家喜得貴子，許多達官貴人、親朋好友紛紛前來祝賀，有人說孩子將來會當官，有人說孩子將來要發財，有人說孩子有長壽相，這些人因為說了吉利話，得到主人的熱情款待。最後來了一位客人，卻說孩子將來是要死的，結果被主人大罵一頓，趕出門去。其實，孩子將來能否當官發財，都是未知數。但不論這個孩子多麼飛黃騰達，將來必死無疑，所以最後這句才是唯一的大實話。可這樣的人生現實，又有幾個人願意接受呢？事實上，人們不僅不願面對，還以種種套話刻意掩蓋，刻意回避。平時相互招呼時，說的總是恭喜發財、健康長壽之類的客套，要是問一句「你什麼時候死」，聽者必定覺得十分晦氣，覺得對方不通人情。

對待煩惱，人們同樣採取逃避的方式。現代人喜歡說「換個心情，換個活法」。煩惱來了，就去跳舞、唱歌、喝酒，或者去上網、聊天、旅遊。換來換去，卻還是換湯不換藥。通過各式各樣的活動，煩惱雖能得到暫時緩解，但問題並未根治。真正的解決之道，是從問題產生的根源著手，在煩惱生起時，不再藉助外物，不再尋求依靠，而是冷靜地面對自心，觀照煩惱生滅。唯有自身具備相應的免疫力，煩惱才會得到有效對治，否則都是治標而不治本。

佛法教導我們，要正視人生現狀，勇敢地面對它，而不是消極回避。苦，正是佛法對人生實質的透視。佛陀為我們闡述了人生的種種苦惱，如前面所說的三苦、八苦、無量諸苦等，不是要我們被動地接受苦，而是在認識人生痛苦的前提下，積極消除痛苦，超越痛苦。

2．集諦

集諦是招感苦果的原因，分為煩惱雜染與業雜染兩類。

【煩惱雜染】

佛經中，根據煩惱特點而有種種異名：或將煩惱稱為縛，即繫縛義，能繫縛有情於生死中不得出離。或將煩惱稱為漏，即漏泄義，有情生命因煩惱故，從六根不斷漏泄種種過失。或將煩惱稱為瀑流，能令眾生漂流三界六道，生生死死，沉淪顛倒。或將煩惱稱為取，即執取義，能執取生死之果。或將煩惱稱為蓋，即覆蓋義，能覆蓋清淨善心。或將煩惱稱為垢，即染汙義，能染汙真性，無所明瞭。或將煩惱稱為軛，這是令牛與牛車不離的頸木，煩惱亦能令眾生與生死境界和合不離，長劫受苦。從眾多的異名中，也反映了煩惱在生命中扮演的角色。

關於煩惱的種類，經中說有八萬四千煩惱。簡單歸納，主要有十種，分別是貪、嗔、痴、慢、疑、身見、邊見、邪見、見取見、戒禁取見。貪，是對事物的貪求和占有之心。嗔，是對不喜歡的境界生起仇怨、苦惱、損害等情緒。痴，是對宇宙人生真相的無知，從而引發錯誤的觀念與言行。慢，是執著自身長處而輕視他人。疑，是因缺乏智慧而對真理產生懷疑。身見，是執五蘊身為我。邊見，是執此身為永恆或斷滅的兩種片面認識。邪見，是否定因果規律，否定凡聖之別。見取見，是將身見、邊見、邪見等執為真理。戒禁取見，是遵守錯誤戒律，以為能由此解脫。在佛教中，將這十種煩惱稱為根本煩惱，是其他煩惱生起的基礎。

【業雜染】

業，是在煩惱基礎上產生的行為，包括身業、口業、意業三種。一切行為的產生，是由意識與思心所相應，對之進行抉擇判斷後，付諸身口行為，從而構成業力。從倫理性質而言，業可分為善、惡、無記三類。善業不僅能利益自身和他人，也能利益現世和他世，反之則是惡業，無記則是非善非惡的。善惡的定義，須貫穿三世作出判斷。此外，因有善惡，果唯無記。如天界樂果或地獄苦果，雖對現世或違或順，但苦樂果報本身並沒有善惡屬性。

善惡行為千差萬別，最基本的是十善行和十惡行，兩者是相對的。在此，首先對十惡行作簡單介紹：一、殺生，以惡心斷除有情生命；二、不與取，未經允許就將他人物品私自占為己有；三、邪淫，不被法律或社會道德認可的男女關係；四、妄語，欺騙性的語言或肢體語言；五、離間語，又稱兩舌，即挑撥離間的語言；六、粗惡語，又稱惡口，是以惡心傷害他人的語言；七、雜穢語，又稱綺語，能誘發他人煩惱的淫詞豔曲和汙言穢語；八、貪欲，對於他人財富、地位等起非理需求；九、嗔恚，因煩惱而對有情起傷害之心；十、邪見，否定因果存在，否定凡聖之別。與十惡相反的，便是十善行，即不殺生乃至不邪見。

3．滅諦

滅，為寂滅義，是由徹底止息生命內在的迷惑煩惱，而證悟的涅槃境界。

4．道諦

證悟涅槃不是憑空而有的，需要踏踏實實地修道，這便是道諦的內容。修道方法很多，所謂八萬四千法門。其中又以八正道為主，這是修學佛法的常道，也是眾生趣向涅槃的不二中道。八正道的內容如下：

【正見】

即如實看待世界，看待人生，是相對於世人的迷妄認識而言。世人因無明所惑，顛倒黑白，指鹿為馬。五蘊無我，卻執有我；世間無常，卻執永恆；事相虛假，卻執實在；人生是苦，卻執以為樂；

不見因果，卻道無因無果。具足空性正見，就能破除迷惑，如實通達人生真相。

【正思惟】

即正確的思考。思考與自身認識有關，一個無知的、對人生充滿困惑、執著錯誤觀念的人，不可能有正確的思惟。要使我們的思考與真理相應，就必須以正見為基礎，這樣才能引發正思惟。所謂「聽聞正法，如理思惟」，說的正是這個道理。正思惟，又稱正志。志，有志向義。正志，就是樹立崇高的人生目標，以此引導自己的價值取向和行為方式。

【正語】

是語言的德行，這就必須避免妄語、兩舌、惡口、綺語等不良語言方式。我們要說的是真實語，是利他語，是愛語。也就是說，我們所說的話，既要符合事實真相，又要利益大眾，還要本著對他人的關心愛護來說。不是對方愛聽什麼就說什麼，也不是將自己要說的強加於人。

【正業】

是行為的德行。業有三種，即身業、口業、意業。我們的身口意三業都要遠離十惡行，遠離煩惱，遠離處處以自我為中心的習氣。不僅如此，還要通達無我，勤修戒定慧，廣行六度四攝，這才是菩薩應行的正業。

【正命】

是謀生的德行。這裡所說的命，指我們選擇的職業或生存方式，有正命、邪命之分。所謂邪命，即不正當的謀生手段，如販毒、賭博、詐騙等違背法律與社會道德的行為。作為學佛者，我們不僅要遵循法律和道德的規範，更要遵守戒律的規範。依戒律來看，凡與殺、盜、淫、妄相關的行業，皆屬於邪命範疇。反之，能對自他都有利益的職業，對眼前和將來都有利益的行為，才是正命的生活。

【正精進】

每個人都有自己的奮鬥目標，為達到這一目標，需要不斷努力。由於目標不同，這些努力也有不同性質。有的努力是道德的，能為自他帶來利益；有的努力卻是錯誤的，會導致犯罪，導致災難。在希特勒的《我的奮鬥》中，就反映了一個戰爭狂人企圖征服世界的努力過程。但這種努力給世界人民帶來了極大苦難，是正精進的反面。佛教反對自害害他的努力，鼓勵完善德行的努力。正如「四正勤」所說的那樣：「未生惡令不生，已生惡令斷，未生善令生，已生善令增長。」可見，正精進是以斷惡修善為努力方向。

【正念】

修行修什麼？從根本上說，就是對觀念和心念的修正。人的一切行為都取決於心念，而心念有善惡、迷悟、染淨之別，所以世間才有凡聖之別，良莠之分。《六祖壇經》說：「前念迷即凡夫，後念悟即佛。」佛與眾生看似有著天差地別，但最初的分歧只是在迷和悟的一念之間。俗話說，「放下屠刀，立地成佛」，從惡魔到成佛，也是在內心的這一念。由此可見，把握念頭是修學的關鍵所在。

阿含經典中，佛陀特別提倡六念的修行，即念佛、念法、念僧、念戒、念施、念天，這是修學應該具備的基本理念。念佛，是念佛德行，高山仰止，心嚮往之；念法，是念法的真實，念空性、涅槃，念斷惑證真的方法；念僧，是念賢聖僧的德行和威儀；念戒，是令自身行為符合法律、戒律的規範，由此導向解脫；念施，是外捨財物培植福田，內捨煩惱健全人格；念天，不是傾慕天福，而是憶念天人福德，了知修習善行的重要性。此外，佛經還說到十念，在六念外增加念休息、念數息、念身無常、念死。念休息，是止息妄念，使心念趨於平靜；念數息，是專注自己的呼吸，知息粗細、長短、冷熱，系心於息，心息相依；念身無常，是時時憶念色身危脆無常，命在旦夕，不再貪著塵世；念死，則是憶念死神隨時都在身邊，準備乘虛而入，故當勤精進如救頭燃。

對於解脫的修行，佛陀又為我們說了四念處，即觀心無常、觀法無我、觀身不淨、觀受是苦。觀心無常，是觀照心念的無常變化，調整心態，安住正念，不隨惡緣所轉。觀法無我，是觀照一切法緣生緣滅，無我和我所，如實觀察，不執以為我。觀身不淨，是觀照我們的色身，雖假沐浴更衣維持表面乾淨，內在卻充滿濃血糞便，九孔常流不淨，從而不起愛戀。觀受是苦，是觀照有漏的苦樂等受，其本質皆是痛苦，不可貪著。常修四念處，能對治凡夫於心、受、法、身所起的「常樂我淨」四種顛倒。

【正定】

定是心一境性。修定需選擇一個善所緣，讓心安住於此，止息掉舉、昏沉，通過持續、穩定的專注，成就定力。定，有正定與邪定之分。所謂邪定，是貪著定樂，沉溺於此。修定會帶來極大的禪悅，但這種禪悅同樣不可貪著。《瑜伽菩薩戒》說：「若諸菩薩安住菩薩淨戒律儀，貪味靜慮，於味靜慮見為功德，是名有犯，有所違越，是染違犯。」若聲聞貪著禪悅，則不能趣向解脫；若菩薩貪著禪味，則不能利他。因此，菩薩戒視貪著禪味為犯戒。此外，為追求神通而修定，也屬於邪定。神通是一種能力，需有健全的人格為保障。否則的話，擁有神通就像幼兒玩火，是極其危險的，很可能為其所傷。正因為如此，在佛教修行中，智慧和慈悲遠比神通更為重要。忽略德行而一味追求神通，絕對是不可取的。

佛教修行是依三增上學，即戒增上、定增上、慧增上。其次第，是依戒生定，由定發慧。可見，修定是為了開發智慧，而不是以定為目的。唯有開發智慧，始能斷除煩惱，解脫生死。因而，引發無漏慧的定才是正定。

八正道是修學佛法的常道，也是趣向解脫的不二中道。佛陀告訴我們：「一者心著欲境而不能離，非解脫因；二者不正思惟，自苦其身而求出離。」及至世尊入滅，更諄諄告誡阿難「自依止，法依止，不餘依止」。也就是說，解脫應該依靠自己的努力，依照佛法的指導。這個法，就是以八正道為核心的種種法門。

四諦法門，佛陀主要是對聲聞人所說：「此是苦，汝應知；此是集，汝應斷；此是滅，汝應證；此是道，汝應修。」概括起來，四諦法門的修行就是「知苦、斷集、慕滅、修道」。換言之，在聲聞的境界中，是有苦可知，有集可斷，有滅可證，有道可修。

而以般若正見觀照四諦法，則是另一番風光。《心經》曰：「無苦集滅道。」這就告訴我們，若以般若智慧觀照，四諦法門也是無自性空，是了不可得的。在此，我們同樣可以採用前面的公式：苦不異空，空不異苦；苦即是空，空即是苦。集、滅、道亦復如是。在現象上，四諦法門是轉染為淨，但從無自性空的本質看，苦集滅道的當下即是空性。在空性中，並沒有所謂的染淨之別。

從四諦無差別的層面，可以進一步領悟「煩惱即菩提」之理。世間雜染的苦果，如果是永恆且固定不變的，確實令人煩惱。而以般若慧觀照，煩惱也是無自性空的。就像煩惱生起時，如果將它執以為我，在乎它，縱容它，很快會沉溺其中，備受折磨。相反，如果能以智慧觀照煩惱生起的因緣，及當下這一念，煩惱自然息滅。

九、解脫自在的人生

無智亦無得，以無所得故，菩提薩埵依般若波羅蜜多故，心無掛礙，無掛礙故，無有恐怖，遠離顛倒夢想，究竟涅槃。

有情因為對有的認識不足，總是活在有所得的心態中，對世間一切處處執著。在生活中，我們會執著財富、地位、情感、家庭，會執著生存環境、人際關係，還會執著自己的見解、技能、長處等。由於執著，又對這一切產生強烈的占有欲。需求而無法得到，就給人生帶來種種煩惱。

《心經》在短短的兩百多字中，從「照見五蘊皆空」到「無苦集滅道」，都是針對凡夫對有的錯誤認識及執著，揭示存在現象是因緣假相，本質是無自性空的。其目的，就是要我們放下對妄境和妄想的執著，超越能所的二元對立，走出妄心的相續，安住於無所得的空性中。如此，才能像《金剛經》

所說的那樣，不住色生心，不住聲香味觸法生心。

1・心無掛礙

「無智亦無得，以無所得故。」我們認識到妄境空之後，於妄境不起分別，不再執著。那麼，這顆能認識的心是否實實在在的呢？其實，心也是緣起的。比如眼識的活動，須依賴眼睛、色塵、光線、空間、種子、俱有依、分別依、染淨依、根本依這九個條件。此外，耳識、鼻識等其他一切精神活動同樣是緣起的。當我們認識到妄境無自性空，遠離妄執，妄心亦不生起，所謂境寂心空，無智無得。當妄心、妄境、妄執息滅後，所顯現的，正是明空不二的般若智慧。

「菩提薩埵依般若波羅蜜多故，心無掛礙。」菩提薩埵是梵語，為菩薩的全稱。唐譯「覺有情」，具有覺悟和令他有情覺悟的內涵。有情以情愛為中心，對世間一切都想占為己有，想使與我有關的一切從屬於我，想在我所的無限擴大中實現自我價值。卻不知，執著愈多，自我所受的束縛愈甚。而對覺者來說，則能以般若觀照人生，無我亦無我所，從而超越世間名利，心無牽掛。

唐朝有位名叫懶殘的禪者，修行造詣極高，遐邇聞名。一日，皇上派使者請他進宮。使者到來時，禪師正在山中烤芋頭。待使者宣讀聖旨後，禪師卻充耳不聞。時值隆冬，禪師衣著單薄，凍得清涕直流。使者見狀，勸禪師擦去鼻涕。不料禪師說：「我沒有工夫給俗人揩鼻涕。」因為在禪師的境界中，早已超越這些分別，瀟灑自在，無拘無束。他的詩正是這種生活和心境的真實寫照：

世事悠悠，不如山丘。青松蔽日，碧澗長流。
山雲當幕，夜月為鉤。臥藤蘿下，塊石枕頭。
不奉天子，豈羨王侯。生死無慮，更復何憂。
水月無形，我常只寧。萬法皆爾，本自無生。
兀然無事坐，春來草自青。

禪者隱居山林，面對青山綠水，唯有一瓶一缽，了無牽掛。對於他們來說，生死都已不成問題，還有什麼值得操心，值得牽掛呢？

佛世時，跋提王子和兩位同參法友在山林參禪打坐。一天，三人情不自禁地高喊：「快樂啊！快樂啊！」佛陀聽後就問：「什麼使你們這麼快樂呢？」跋提王子說：「我當初在王宮時，日夜為事務操勞，常年不得悠閒，還要擔心性命安全。雖住在奢華舒適的王宮，吃著山珍海味，穿著綾羅綢緞，更有衛兵時時保衛，但我總感到恐懼不安，吃不香，睡不好。現在出家修行，內心不再有任何負擔，每天都在法喜中度過，不論走到哪裡，都覺得舒心自在，不禁從內心深處湧出歡呼。」

2．生死自在

「無掛礙故，無有恐怖。」有情被執著所縛，擁有什麼，就會牽掛什麼。若是擁有財富，就害怕別人惦記他的財富；擁有地位，就害怕別人嫉妒他的權位；擁有嬌妻，就害怕別人覬覦他的家庭。即使只是穿上一件貴重的新衣，也害怕弄髒了，小心翼翼地不敢亂動。總之，只要執著自己擁有的，就會因為這種執著而害怕失去，終日處於恐怖中。

覺者透徹世間的是非、得失、榮辱，無牽無掛，不再有任何恐怖。即使世人最為恐懼的死亡，禪者同樣能從容面對，視死如歸。佛教史上，這樣的故事比比皆是。如唐朝的德普禪師，臨終前將所有門徒召齊，詢問大家：「我死後你們準備如何行事？」弟子們立刻表示：「我們會以豐盛的果物祭拜，以各種挽聯追思。」禪師說：「可惜我死後看不到這些場面，不如趁現在提前舉行儀式，讓我開心而後死，豈不更好？」弟子們面面相覷，卻又不敢違抗師命，於是布置靈堂，撰寫祭文，舉行了隆重的祭拜儀式。禪師看得十分開心，對眾弟子嘉獎一番，悠然坐化。

性空禪師的離世方式也很奇特。禪師臨終前留下一詩：「坐脫立亡，不若水葬。一省柴燒，二省開壙。撒手便行，不妨快暢。誰是知音？船子和尚。高風難繼百千年，一曲漁歌少人唱。」然後，令門人弟子為其造好木盆並扛到江邊。在眾弟子的歡送下，禪師坐上木盆，吹著橫笛隨波而去。這個木盆的特別之處，是盆底留有小洞。於是乎，禪師就伴隨悠悠笛聲，漸漸沉入水中，了無痕跡。與性空禪師同樣採取水葬的，還有船子和尚。所以禪師在詩中說：「誰是知音，船子和尚。」關於船子和尚，性空禪師還有詩言：「船子當年返故鄉，沒蹤跡處妙難量。真風遍寄知音者，鐵笛橫吹作散場。」

禪師們對死亡尚且如此從容，就更不會介意榮辱了。日本有位白隱禪師，德高望重。他有個開布店的信徒，其女兒和一青年相戀，還未出嫁就懷有身孕。其父怒極，逼問女兒原委。女兒生怕說出真相後男友會被父親打死，想到父親平素最敬重白隱禪師，故將責任全部推於禪師。父親信以為真，不分青紅皂白就將禪師痛打一頓。禪師也不加辯解。待孩子出生後，他們便將這個私生子扔給禪師。白隱禪師又像保姆一樣，四處乞討乳汁餵養孩子，受盡辱罵與恥笑，禪師還是不加辯解。多年後，當年遠走他鄉的孩子生父得知事情經過，就站出來說明了真相。全家人深感愧疚，一起去向禪師道歉。白隱禪師並不覺得受了多少委屈，依然不加辯解，就將孩子還給他們。

3・息滅妄想

「遠離顛倒夢想，究竟涅槃。」顛倒夢想，就是與事實不符的錯誤想法，更簡單的表達，便是「妄想」。妄想一詞源於佛教，後在社會上廣泛流傳，內涵也有了變化。通常，人們會將一些不切實際、難以實現的想法斥為妄想。從佛法角度來看，這些固然是妄想，但即使是切合實際且能夠實現的願望，只要與真理不相應，也屬於妄想範疇。

在佛法看來，在證悟諸法實相前，人們都是生活在妄想中。妄想的產生是以無明為根源，欲望為動力，執著為助緣。十二因緣中的無明緣行就說明，一切行為的思想基礎是無明，即生命的迷惑。在此狀態下出現的想法，都屬妄想之列。

人們生存在世間，因欲望驅使，會引發與之相應的種種想法。當我們感到寒冷時，就想找衣服穿；感到飢餓時，就想找東西吃；覺得孤獨寂寞，就想結婚成家；覺得閒來無聊，才會熱衷娛樂；覺得精神貧乏，才會追求藝術；覺得人生苦短，才會信仰宗教。總之，人類有什麼欲望，就會有什麼妄想。有什麼妄想，世界就會出現什麼現象。

此外，執著也是妄想的重要助緣。就像孩子在乾柴上玩火，正好刮起一陣大風，火借風勢熊熊燃燒，將家中房子燒得一乾二淨。孩子點火有如無明，乾柴、房屋有如欲望，大風有如執著。欲望之火因無明而燃燒，因大風而猛烈。由欲望導致的妄想，也是隨執著不斷增強。執著有多深，妄想就有多大。

因為關注的內容不同，每個人的妄想又會有不同傾向。比如有些人關注服飾，總在留意各種流行趨勢，想著穿什麼才得體漂亮，還會為買衣服努力賺錢，因為外在包裝而忽略生命的內在。也有些人關注家庭，終日為全家生計奔波，為兒女成長操心，還要調和家庭各個成員的意見分歧。難怪許多信眾都反映說，打坐念佛無法專心。如果每天糾纏在這些事務中，帶著這些牽掛上座，怎麼可能靜下心來呢？

此外，關注科學的人，會有科學相關的妄想；關注藝術的人，會有藝術相關的妄想；關注愛情的人，會有愛情相關的妄想；關注權力的人，會有權力相關的妄想；關注生命終極問題的人，會有哲學相關的妄想。在這個世間，每個人都有各自的關注範圍，也有自己的妄想傾向。

妄想，使我們生活在無明構建的世界中，無法透徹宇宙人生的真諦。佛教的唯識宗將世界分為三個不同層次：一是遍計所執性，是主觀的錯覺狀態；二是依他起性，是因緣顯現的假相；三是圓成實性，是世界的如實相。凡夫由於無明，糾纏於遍計執，無法認識依他起性，證悟圓成實性。所以說，人類無法正確認識世界的關鍵，就在於認識本身。若以妄心觀察世界，就像戴著變色眼鏡，所見自然是妄境而非實相。

妄想，又使有情在生命旅途中疲於奔命。在自然界，雞為一把米而奮鬥，蜜蜂為一巢蜜而奮鬥。在社會上，學生為升學而用功，商人為經營而拚搏，學者為職稱而努力，每個人都在為實現自己的妄想而奮鬥。妄想越大，奮鬥得就越投入，越艱難。甚至臨命終時還不能放下，可謂「天長地久有時盡，妄想綿綿無絕期」。

妄想，還給人們帶來種種煩惱。有些人總是沉溺於回憶和期盼中，無法面對現實。有些人總是高估自身能力，常歎懷才不遇。有些人整天想著經營算計，因而吃不香、睡不好。有些人嚮往奢華生活，卻可望而不可即，痛苦不堪。沉溺於妄想，還會使人精神渙散，無所事事。不必說妄想無法達成，即使現有的生活也會受到極大干擾。

由此可見，妄想將導致種種過患。因此，《心經》告誡我們要遠離顛倒夢想。當然，遠離並非易事。許多人開始打坐時，總感到妄想不絕如縷，所謂樹欲靜而風不止。更讓人苦惱的是，越是克制，妄想越是活動頻繁，此起彼伏。怎麼辦？《心經》闡述的對治之道，是從照見五蘊皆空，到認識一切諸法皆如夢幻泡影，不住色、聲、香、味、觸、法，無智亦無得，心無掛礙，妄想自然無從生起。正像蒼雪禪師所說的那樣：「南台靜坐一爐香，終日凝然萬慮忘。不是息心除妄想，都緣無事可思量。」凡夫妄想紛飛，必須通過修觀、念佛、誦咒來對治。而對透徹諸法真相的禪者來說，世間並不存在使人執著愛戀的境界，如是，妄想自然不生。

「究竟涅槃。」涅槃為梵語，意譯滅、寂滅、滅度。滅，是滅除煩惱，滅除牽掛，滅除恐怖，滅除顛倒妄想，滅除對擁有的執著。只有這樣，才能超越生死。涅槃又是宇宙人生的真實相，《中論．觀涅槃品》說：「涅槃與世間，無有少分別，世間與涅槃，亦無少分別。涅槃之實際，及與世間際，如是二際者，無毫釐差別。」從世間與涅槃的幻相，似乎有生滅與寂滅之分。然而，生死的當下就是畢竟空，就是寂滅涅槃。所以涅槃並沒有離開世間，當於世間生死相中證悟。

那麼，涅槃也等同於世間相的生滅、有無嗎？非也。《中論》說：「有尚非涅槃，何況於無耶？涅槃無有有，何處當有無。」也就是說，涅槃是非有非無的，不可以世間相對的有無去認識。論中又說：「無得亦無至，不斷亦不常，不生亦不滅，是說名涅槃。」進一步說明：涅槃的實質是空性，是煩惱的寂滅狀態。不生不滅，非有非無。

十、成佛的唯一途徑

三世諸佛依般若波羅蜜多故，得阿耨多羅三藐三菩提。

學佛，是為了成佛。不少人覺得這句話很虛玄：「我們可能成佛嗎？自古以來，究竟哪些人成佛了呢？」《心經》曰：「三世諸佛。」所謂三世，即過去世、現在世、未來世。諸，是眾多義。也就是說，從過去到現在乃至未來，有無量無邊的佛陀。我們熟悉的，有釋迦牟尼佛、阿彌陀佛、藥師佛等，事實上，已圓滿成就的佛陀遠遠不止這些。許多大乘經論都說到，在十方世界，有恆河沙數諸佛正在說法，正在度化眾生。

佛教徒早晚功課中誦念的《阿彌陀經》，就有關於十方佛的記載。經云：「其土眾生常以清旦，各以衣裓，盛眾妙華，供養他方十萬億佛。」經中還介紹了西方極樂世界的情況，說明其國土在娑婆世界以西，與我們相距十萬億佛土世界。經中又舉六方佛稱讚彌陀淨土，所謂「東方亦有阿閦鞞佛、須彌相佛、大須彌佛、須彌光佛、妙音佛，如是等恆河沙數諸佛……南方世界，有日月燈佛、名聞光佛、大焰肩佛、須彌燈佛、無量精進佛，如是等恆河沙數諸佛……西方世界，有無量壽佛、無量相佛、無量幢佛、大光佛、大明佛、寶相佛、淨光佛，如是等恆河沙數諸佛……北方世界，有焰肩佛、最勝音佛、難沮佛、日生佛、網明佛，如是等恆河沙數諸佛……下方世界，有師子佛、名聞佛、名光佛、達摩佛、法幢佛、持法佛，如是等恆河沙數諸佛……上方世界，有梵音佛、宿王佛、香上佛、香光佛、大焰肩佛、雜色寶華嚴身佛、娑羅樹王佛、寶華德佛、見一切義佛、如須彌山佛，如是等恆河沙數諸佛」，這也從一個側面反映了諸佛數量之多。

那麼，身為凡夫的我們又該如何成佛呢？經曰：「三世諸佛，依般若波羅蜜多故，得阿耨多羅三藐三菩提。」這就告訴我們，十方三世諸佛都是依般若成佛的。由此，也可說明般若智慧對於成佛的重要性，它貫穿著有情從學佛到成佛的各個階段。然而，般若是聖賢的智慧，凡夫如何才能證悟，才能把握呢？佛教中說有三種般若：一為文字般若，二為觀照般若，三為實相般若。其中，唯有實相般若才代表般若的實質，文字般若及觀照般若都是因為能出生、長養般若之故，才被稱為般若。

以下，對般若及成就般若的方法作簡要介紹。

1．學佛須從文字般若下手

佛法告訴我們：「從聞思修，入解脫門。」或曰：「親近善知識，聽聞正法，如理作意，法隨法行。」在八正道中，也是以正見、正思惟為首。但我們要知道，文字般若並非以文字為般若。世間文字很多，在許多情況下，文字構成的知識不但不能引發般若，恰恰是障礙般若的力量。

因此佛陀特別告誡我們，唯有親近善知識，我們才能聽聞正法，通過如理思惟，獲得文字般若。在《阿含經》中，佛陀向我們強調了親近善知識的重要性：「我亦由善知識成無上正等正覺，以成道果，度脫眾生不可稱計，皆悉免生老病死……與善知識共從事者，信根增益，聞、施、慧德皆悉備具。」俗話說，近朱者赤，近墨者黑。親近善知識所起到的，正是近朱者赤的效果。佛陀這樣的大智慧者，尚且是因親近善士而成就，何況我輩凡夫呢？

正法，即如來教法。世人無明，不能正確認識諸法實相，顛倒黑白，處在無盡的煩惱妄想中，由此覆蓋本有的智慧德相。聽聞正法，是為了正見宇宙人生，如實了知世間的緣起性、因果性、無常性、苦性、空性，改變無始以來的錯誤認識，從而息滅妄心。一旦妄心息滅，般若智慧自然顯現。

在三種般若中，由文字般若產生觀照般若，這是照見諸法實相的修行。《心經》所說的「照見五蘊皆空」，及「色不異空，空不異色，色即是空，空即是色」，都是依觀照般若而體認的。由觀照般若正見諸法實相，才能證悟實相般若，又稱一切種智，是非寂非照、遠離虛妄的實相。

2．聲聞乘的五分法身以慧為核心

五分法身，即戒、定、慧、解脫、解脫知見。戒，是成就解脫的行為規範。通常，我們的六根是在情緒支配下活動。凡夫由於我執及貪、嗔、痴三毒的作用，不免造作殺盜淫妄等種種惡行。而戒律具有防非止惡的功能，能調伏身心、規範行為，幫助我們約束六根，淨化三業，同時也限制了妄想的氾濫。凡如法持戒者，身心會逐漸單純，有利於禪修，故云戒能生定。進而，又能由定發慧。凡夫因妄想執著，使般若慧光被遮蔽障覆。若以定力平息妄想，無漏慧便能朗然顯現。當智慧被開顯，就能徹底解除煩惱，成就解脫。最後，成就解脫知見，包含盡智與無生智。所謂盡智，乃斷盡一切煩惱，得入無學位的智慧。所謂無生智，乃證悟無生法忍的智慧。這兩種智慧皆於成就解脫後產生，是觀照常明、通達無礙的後得智。

為什麼五分法身是以慧為核心？因為持戒、修定皆非佛教特有的法門。比如持戒，世間各種宗教都有相應戒律，即使在社會上，各個國家也有類似戒律的法律。至於修定，印度許多外道都有習定之法，中國道家的吐納法也屬於修定的範疇，即使佛教的四禪八定，同樣屬於世間禪。佛教雖然強調戒、強調定，但並不以持戒為究竟。也就是說，僅僅持戒而不開啟智慧，是無法解脫的。在六根本煩惱中，更將外道執著持戒以求解脫的方式列為戒禁取。此外，佛教也不以修定為究竟。在菩薩戒中，甚至將貪著禪味視為犯戒。與其他宗教的不同之處在於，佛教提倡的持戒、修定，都是開發無漏慧的途徑，是通過戒和定來成就智慧。由有智慧，始能解脫煩惱，證悟涅槃。

3．菩薩道的六度法門以般若為導

六度，又稱六波羅蜜，是修習菩薩道的六種主要法門，分別為布施、持戒、忍辱、精進、禪定、般若。古德說：「五度如盲，般若如炬。」世人也修習六度中的前五度，但因為缺乏般若指導，所做只是普通的世間善行，不能昇華為菩提資糧。以下，分別對六度進行介紹。

【布施】

布施，就是我們平常所說的施捨。《攝大乘論》云：「又能破裂慳吝貧窮，及能引得廣大財位福德資糧，故名為施。」布施有不同內涵，如財施、法施、無畏施。財施，是以財物幫助他人；法施，是以所學佛法及知識技術幫助他人；無畏施，是以仁愛、慈悲使眾生獲得安全感。

布施不僅能利益他人，也能使自身獲得極大利益。一方面，布施能使我們破除慳吝。凡夫貪著財富，面對需要幫助的人，往往因慳吝而不願施捨。哪怕是平日幾乎用不到的物品，一旦要送出去，又覺得它重要起來。布施，正是克服慳吝的有效方法。另一方面，布施還能廣種福田，改變貧窮之因。凡夫目光短淺，以為布施一點，自己就失去一點。殊不知，布施就像農民播種，每一粒種子都會帶來豐厚的回報。如果說種田還可能因自然災害等原因而減產，而耕種福田是毫無風險的，必能獲利。發心越廣大、越純粹，收穫也就越大。那些在春天捨不得播種的人，秋天能有收穫嗎？他們若知自己因慳吝而錯失良機，必定後悔莫及。不少人一生為貧窮所困，正是因為往昔不願布施所致，倘若不從現在開始努力改變這一業因，困境將難以改變。就像在貧瘠的土地上，無論怎樣努力耕耘，都難有所獲。唯有從改良土壤著手，方能從根本上解決問題。所以說，布施既能破除貧窮，也能使自己擁有福報。

對於修習布施法門容易出現的一些問題，我們也要特別注意。有些人布施是為博得美名，以此沽名釣譽；有些人布施是因有愧於人，以此換得心安；有些人布施是為顯示富有，以示高人一等；有些人布施是為逃避厄運，以此破財消災；有些人布施是為受人擁護，以此籠絡人心；有些人布施是因爭強好勝，以此自我炫耀；有些人布施則為功利使然，以此作為贏利方式。在佛教看來，這些布施都是不如法、不究竟的。雖然也能帶來相應利益，卻會因發心偏差導致種種不良後果，所謂「因地不真，果遭迂曲」。

所以，布施也要在般若引導下進行。《摩訶般若波羅蜜經》說：「菩薩摩訶薩以不住法，住般若波羅蜜中，以無所捨法，應具足檀波羅蜜，施者、受者，及財物不可得。」如法的布施是從慈悲心出發，因應世間需求而修。在布施時不住施相，不認為我是施捨者，對方是受惠者，也不執著自己施捨給他多少財物等。這就是《金剛經》所說的：「菩薩於法應無所住行於布施，所謂不住色布施，不住聲香味觸法布施。須菩提！菩薩應如是布施，不住於相。何以故？若菩薩不住相布施，其福德不可思量。」雖行布施而不住於相，其功德如虛空般廣大無邊，不可窮盡。

【持戒】

佛教戒律主要有聲聞戒、菩薩戒之分。聲聞戒側重止惡，如在家的五戒、八戒，出家的沙彌戒、比丘戒等。菩薩戒則是在此基礎上，宣導積極行善，由三聚淨戒組成：一為攝律儀戒，止息一切惡行；二為攝善法戒，奉行一切善法；三為饒益有情戒，利益一切眾生。正如《攝大乘論》所說：「又能息滅惡戒、惡趣，及能取得善趣等持，故名為戒。」

「戒是無上菩提本。」對修行來說，持戒有著重要意義。其一，能息滅惡戒，受持佛陀所制淨戒，不會再持民間或外道的種種惡戒；其二，能關閉惡趣門，持戒能止息一切惡行，不再墮落惡趣；其三，能生善趣，持戒能令我們生於人天善道；其四，持戒能獲得等持，等持是定，即由戒生定。

從表面看，戒律似乎很重視形式，重視細節，使人們很容易因此著相。但我們要知道，持戒本身並不是目的，而是通過持戒規範行為，調柔身心。如果終日只是執著應作、不應作或犯罪、不犯罪，忘卻戒律的根本精神，忘卻持戒的究竟意義，反而會被戒律所縛。若能在般若引導下受持戒律，便能避免這一過失。《摩訶般若波羅蜜經》云：「罪不罪不可得故，應具足尸羅波羅蜜。」從緣起看，雖有持戒與犯戒的差別，但在空性層面，持犯之相是了不可得的。因此，菩薩既要認真持戒，同時又不可執著持戒之相，這樣才能如法持戒，圓滿菩薩道的修行。

【忍辱】

《攝大乘論》云：「又能滅盡忿怒怨仇，及能善住自他安隱，故名為忍。」忍辱體現了菩薩的涵養，包括耐怨害忍、安受苦忍、諦察法忍三種。耐怨害忍，是忍受怨家仇人的種種無理非難；安受苦忍，是對身體病弱、天氣冷熱、衣食不具等種種惡劣條件處之泰然；諦察法忍，是認同並接受與自身認識相距懸殊的真理。

忍辱，能使我們消除憤怒。當嗔心種子萌芽時，如果缺乏忍耐，就會心生憤怒。若能心平氣和地接納一切，包括他人的傷害，就不會與人結為怨仇了。因而，忍耐能使我們內心安詳，彼此和諧。《摩訶般若波羅蜜經》說：「心不動故，應具足羼提波羅蜜。」常人不能忍辱，正是因為心隨境所轉。怎麼才能在面對任何境界時如如不動呢？須以般若智慧觀照，照見我法二相了不可得。在《金剛經》中，佛陀回憶他往昔被歌利王割截身體時，之所以能絲毫不起嗔心，正是因為證悟無我。學佛修行，也應以般若觀照，了知諸法如幻，不為境動。倘能做到這一點，世間其實並沒有什麼需要忍耐的。唯有這樣，才是圓滿的忍辱。

【精進】

《攝大乘論》云：「又能遠離所有懈怠惡不善法，及能出生無量善法令其增長，故名精進。」精進，就是通常所說的努力，但並非所有努力都屬於精進範疇，而是有其特定內涵的：一是止惡，一是行善。只有努力地止惡行善，才是佛教強調的正精進。

精進又包括披甲精進、修善法精進、饒益有情精進三類。披甲精進，以勇士上陣殺敵為喻，形容菩薩在止息惡行、斷除煩惱時勇猛不懈；修善法精進，是精進努力地修習一切善法；饒益有情精進，是不間斷地利益眾生。

精進的意義在於止息惡法，對治懈怠，令善法日日增長。精進也要在般若引導下進行。世人一生中都在為財富、家庭、地位努力奮鬥，不可謂不「精進」。有時，甚至「精進」地殺生、偷盜、邪淫、妄語。雖然得到一些眼前利益，卻造下無盡罪過。在般若引導下的精進，是以止惡行善為準則。這樣的精進，不僅能使我們現生行為如法，心安理得，還能使未來獲益無窮。

【禪定】

《攝大乘論》說：「又能消除所有散動，及能引得內心安住，故名靜慮。」禪定，是與散亂相對的。如同水火，有散亂就不得禪定，成就禪定就能消除散亂。禪定又能使妄念暫時平息，內心寂靜。

《摩訶般若波羅蜜經》說：「不亂不味故，應具足禪那波羅蜜。」在般若指導下修習禪定，便照見諸法如幻如化。當心不再隨境所轉，自然如如不動，遠離紛亂。此外，世人修禪容易貪著禪悅，若依般若觀照，則能不住於相，遠離對禪味的貪著。

【般若】

佛，梵語佛陀，漢譯覺者、智者。菩薩，具稱菩提薩埵，其中，菩提就是智義、覺義。所以成佛並不是虛無縹緲的，而是成就圓滿的智慧和慈悲，又名無上菩提。

聲聞解脫道的修行中，將成就涅槃的法門稱為三十七菩提分。即四念處、四正勤、四如意足、五根、五力、七菩提、八正道。菩提分，即菩提因，也就是說，這三十七種法門是成就菩提之因。

成佛乃智慧的成就，因而，佛經中又以智慧為出生諸佛的父母，《維摩經．佛道品》說：「智度菩薩母，方便以為父，一切眾導師，無不由是生。」經中將智慧比喻為三世諸佛的母親，一切諸佛出世，皆依智慧成就。

《大智度論》亦云：「諸佛及菩薩，能利益一切，般若為之母，能出生養育。佛為眾生父，般若能生佛，是則為一切，眾生之祖母。」因為般若能養育諸佛，就好比諸佛之母。如果將佛陀視為眾生慈父的話，那麼，因為般若能出生諸佛，就稱得上是眾生的祖母了。

十一、無上法門

故知般若波羅蜜多是大神咒，是大明咒，是無上咒，是無等等咒，能除一切苦，真實不虛。

在此，佛陀將般若法門形容為「大神咒、大明咒、無上咒、無等等咒」，而在《金剛經》中，則稱般若法門是「如來為大乘者說，為最上乘者說」。由此可見，這一法門確實殊勝無比。

咒，是難以用語言說明、具有特殊靈力之祕密語，又稱神咒、禁咒、密咒、真言，乃祈願時唱誦的祕密章句，具有為自身祈福、消災等功效。按印度的傳統觀念，認為咒語能解決人力所不能及的事。在佛教出現前，古印度就盛行咒語。所以佛陀講經說法時也常用咒語，尤其是密宗，對咒語尤為重視。

《心經》將般若法門比喻為大神咒，說明般若法門神力無比，能迅速消滅人生煩惱，無往不勝；比喻為大明咒，說明般若為無上智慧光明，能徹底破除世間黑暗，攻無不克；比喻為無上咒，說明般若法門在佛教一切法門中處於至高無上的地位；比喻為無等等咒，說明任何法門都無法與般若法門相提並論，等量齊觀。以上種種比喻，足見佛陀對般若法門的推崇。

十二、勸勉

故說般若波羅蜜多咒，即說咒曰：揭諦揭諦，波羅揭諦，波羅僧揭諦，菩提薩婆訶。

前面以各種比喻形容般若法門的殊勝，接著用咒語對般若法門加以歸納。

修習般若法門，是由聞思經教，從文字般若進入觀照般若，進而成就實相般若。但對某些鈍根者來說，是沒有能力聞法並思惟的。於是，佛陀又提出另一條成就般若的途徑，那就是通過專心念誦咒語，至心一境性，而能遠離分別，再由得定開啟智慧。

通常認為，咒語是沒有特定含義的，這是因為我們對咒語缺乏了解。咒語，是梵語音譯，如果不懂梵語，自然無法望文生義。若將咒語進行義譯，雖無法透徹全部深意，但至少能了知大意。《心經》的咒語，為「揭諦揭諦，波羅揭諦，波羅僧揭諦，菩提薩婆訶」。其中，「揭諦」是去義，「波羅」是到彼岸義，「僧」是眾義，「菩提」是覺義，「薩婆訶」是速疾成就義。

因而，其綜合含義是：去啊！去啊！到彼岸去啊！大眾都去啊！願正覺速疾成就！

《心經》的禪觀

今天我要分享的內容，是「《心經》的禪觀」。《心經》是國人最為熟悉的佛經之一，也是很多佛教徒的日常定課。但我們平時對《心經》的學習，多半停留在念誦，或是理論的了解，很少想到它和禪修有什麼關係。我們知道，學佛的核心目標是解脫，其關鍵在於體認空性，而《心經》的禪觀正是引導我們直接契入空性的手段。在講述相關內容前，先介紹一下《心經》及相關思想背景。

一、《心經》和《金剛經》

《心經》屬於般若系經典。般若經典在漢傳佛教的地位極高，基本伴隨著佛經翻譯的過程。早在東漢時期，相關經典就已傳入中國，至魏晉南北朝，鳩摩羅什陸續翻譯了《大品般若經》、《金剛經》和《中論》、《百論》、《十二門論》等經論，使般若思想得到系統弘揚。其時正值玄學盛行，般若思想談空說無，恰與這一文化背景相契，備受推崇。其後，玄奘三藏又譯出六百卷《大般若經》，為漢傳經典中分量最大的皇皇巨著。我們今天所說的《心經》，雖然只有兩百六十多字，卻代表著般若思想的精髓。

和《心經》同樣廣泛流傳的般若經典，還有《金剛經》。從修行上說，兩者有不同側重。《心經》是通過般若正見，通過對五蘊、十二處、十八界、十二因緣、四諦的禪觀，引導我們直接體認空性。而《金剛經》闡述的空性修行，則貫穿於整個菩薩道，包括菩薩應該如何修習布施、忍辱，如何莊嚴國土、利益眾生，是在做事過程中通達空性。

所以《金剛經》特別強調兩個問題。其一，是無我相、無人相、無眾生相、無壽者相。凡夫之所以是凡夫，正是因為我執。這就使人在做事時會導向兩種結果，除了積集資糧，還可能成就我執，成就自我的重要感、優越感、主宰欲。如果用心有偏差，往往做的事越多，貢獻越大，最後我執越重。不僅世人如此，修行者也容易出現這種情況。基於此，經中不斷提醒我們，如果進入我相、人相、眾生相、壽者相，就是凡夫，反之才是菩薩。這四句話貫穿全經，每做一件事，佛陀都給我們這樣的教誨，擔心我們落入我執，落入凡夫心的系統。

其二，是「所謂……是名……即非……」的三句式。執著有二，除了我執，還有法執，就是對所做事情以及修行結果的執著。佛陀為了避免我們落入法執，每說一個問題，都會以這個公式作為總結，如「所謂布施，即非布施，是名布施」等。如果在行菩薩道過程中，對所做事情產生執著，對修行結果產生執著，就會造成對立，帶來焦慮、患得患失等負面心行，與修行背道而馳。

那麼，如何放下執著，避免陷入凡夫心的系統？《金剛經》給我們的指導，就是學會用三句式觀察。比如世界——「所謂世界，即非世界，是名世界」，告訴我們，世界只是因緣關係的假相，並非真實不變的存在。如果我們這樣觀察，就能在緣起的當下，認識到世界的無自性，進而通達空性，做到《金剛經》所說的「無住生心」。無住不是一個概念，而是一種境界，一種能力。當我們通過中道正觀，通過無我無相，真正做到無住生心，就能日理萬機而不為所累，就能「處世界，如虛空，如蓮花，不著水」。

而《心經》是引導我們通過對五蘊乃至四諦的觀照體認空性，更為直接，但偏於智慧一邊。如果結合《金剛經》，知道如何將般若正見落實到具體行持中，以見導行，悲智雙運，就可以深化對《心經》的修學。

二、生命的迷與悟

學習經典，首先要了解經題，因為它往往對經文有著畫龍點睛式的歸納。比如《地藏菩薩本願經》是講述地藏菩薩因地修行所發的宏願，《佛說阿彌陀經》是介紹阿彌陀佛成就的極樂淨土。我們現在所學的《心經》，完整名稱是《般若波羅蜜多心經》。佛經從印度翻譯到中國，有意譯和音譯之分。意譯是根據內容翻譯，音譯則是根據梵語發音翻譯。後者主要用於一些特殊情況，如漢字中找不到對應概念等。般若波羅蜜多為梵語音譯，如果勉強把它翻譯過來，般若為智慧，波羅蜜多為到彼岸，就是以大智慧到彼岸。

智慧是佛法修行的核心內容，依智慧才能成就解脫。釋迦牟尼在菩提樹下悟道時發現，每個眾生都有如來智慧德相，都有自我拯救的能力。這是佛陀對人類最大的貢獻。從西方宗教來說，只有上帝才能拯救世人，而人類必須通過對上帝的信仰和祈禱才能獲救。但佛陀告訴我們，世上並沒有什麼救世主，佛陀同樣不是。佛陀意為覺者，當他通過修行徹底覺悟後，發現每個眾生都有這樣的潛質，只是被無明遮蔽，隱沒不現，所以要通過修行把它開發出來。

佛陀所說的法，為我們指出了從迷惑走向覺醒的道路。從這個意義上說，佛教就是覺醒的教育，而佛陀則是引導我們開啟智慧的老師。一旦開啟智慧，就能破迷開悟，明心見性。正如本經經題所說——以大智慧到彼岸。

如何開啟智慧？佛教有八萬四千法，每個法門都是一條修行道路。其中，《心經》和禪宗為我們指出了最直接的道路。我們知道，六祖惠能是聽《金剛經》悟道的，所以般若經典也是禪宗的依據典籍。

《六祖壇經》第二品為「般若品」，就是對《金剛經》的解釋。開頭有句話非常重要——「菩提般若之智，世人本自有之，只緣心迷，不能自悟。」世人本來就有般若智慧，只是因為把它迷失了，才不能覺悟。

生命的差別到底在哪裡？比如諸佛和眾生，在生命品質上有著天壤之別，但如果去探求這個差別最初的分歧點，其實就是——迷和悟。那麼，迷和悟又有多遠？可能是天地懸隔，也可能是一念之間。《壇經》的總結是：「前念迷即凡夫，後念悟即佛；前念著境即煩惱，後念離境即菩提。」前一念在迷的狀態，你是凡夫；後一念破迷開悟，當下就是佛。可見，佛和凡夫的差距並不遙遠。因為每個人都有覺性，都有成佛潛質，區別只是在於悟了沒有，看到實相沒有。

由迷和悟，又會發展出兩條不同的生命道路。以迷為基礎，發展出貪嗔痴，發展出六道輪迴；以悟為基礎，發展出覺正淨，發展出佛菩薩的品質。那麼，迷是什麼，悟又是什麼？

在佛教中，迷的另一個表述就是無明。就像這個講堂，在沒有光明的情況下，將一片漆黑，什麼都看不見。在我們的生命中，明就是智慧光明。這不是一般的智慧，而是我們內心本具的無漏智慧，是成佛的根本。當這盞心燈沒點亮時，生命將在暗夜之中，看不清自己，也看不清世界真相，看不清命運遵循什麼規律，甚至看不清活著的意義是什麼。這些問題，我稱之為生命永恆的困惑。

每個生命都有永恆的困惑，所以世間才會有哲學，有宗教，來追問並解決這些問題。我們知道哲學叫「愛智慧」，那麼，智慧和知識有什麼不同？知識能使我們了解事物的現象，而智慧可以引導我們超越現象，直達本質。如果不能正確認識自我和世界，就意味著，我們會對自己產生錯誤認識，對世界產生錯誤認識，從而製造煩惱。同時，我們又會帶著這些煩惱看待自我和世界，進一步強化錯誤認識，製造更多煩惱。

所以，佛陀用「惑業苦」三個字，概括了凡夫的生命。惑就是迷惑，因為迷惑，引發貪嗔痴種種煩惱，造作殺盜淫妄種種不善業。因為這些不善業，又會招感輪迴的痛苦。在解除迷惑前，生命將在「惑業苦」的延續中，不斷地造業感果，一生又一生，沒有止境。更可怕的是，這種輪迴已經形成強大的慣性，裹挾著我們，使我們身不由己。

三、般若智慧，本自具足

以惑業為基礎，造就了凡夫現有的生命狀態。對於這種現狀，我們滿意嗎？很多人雖然想要改變，卻看不到出路，充滿無奈，甚至無望。出路何在？如果我們學習佛法，會發現生命中還有另一種力量，那就是覺醒的潛質，是內心本自具足的般若智慧。這是改變命運的根本所在。

什麼是般若智慧？它有哪些特點？《壇經‧般若品》告訴我們：「心量廣大，猶如虛空。無有邊畔，亦無方圓大小，亦非青黃赤白，亦無上下長短，亦無嗔無喜，無是無非，無善無惡，無有頭尾。諸佛剎土，盡同虛空。世人妙性本空，無有一法可得。自性真空，亦復如是。」虛空是無限、無相的存在，我們內心本具的般若智慧也像虛空一樣，是無限、無相的存在。

其次，心有明的特點，就像鏡子一樣，可以朗照無住，了了明知。在佛陀的十大名號中，有一種叫作正遍知。這種遍知和我們當下的心有什麼不同？我們的心是以念頭的方式存在，每個念頭都有相應對象，或是某事，或是某人，永遠是有限的。而人就活在這樣的念頭中，從這個念頭跳到那個念頭，或是將一個念頭反覆加工，不斷炒作，最後被這個念頭所控。事實上，這些混亂的念頭背後，還有虛空一樣的心。修行，就是讓我們跳出念頭，認識念頭背後的心。這個心是無限的，就像無邊無際的明鏡，宇宙有多大，鏡子就有多大。禪宗祖師說，盡大地是沙門一隻眼。這隻眼就是遍知的作用，可以朗照萬物而無所住。

無住就是沒有黏著。凡夫心是黏著的，有相應的對象為依託。它的黏性有多大，黏到什麼程度，主要取決於我們的在乎程度。你對這個東西越在乎，就會越黏著，反之亦然。我們學習般若經典，認識到「五蘊皆空」，認識到「凡所有相皆是虛妄」，認識到「一切有為法，如夢幻泡影，如露亦如電，應作如是觀」，並以這樣的見地看世界，就能逐步擺脫黏著。那麼，心本具的明性才會顯現。

此外，心還能夠出生萬物，含藏萬物。了解心的特徵，開發般若智慧，才有能力斷除迷惑，從迷的此岸，抵達覺悟的彼岸。

四、凡聖只在迷悟間

當我們說到此岸彼岸，會想到時空的距離。比如西方極樂世界，就在「從是西方，過十萬億佛土」處。我們修淨土法門，發願從此處，未來修到彼處。這是凡夫的習慣，必須有一個實實在在的地方，否則內心會不踏實。

但佛法告訴我們，此岸就在內心，彼岸也在內心。當內心充滿迷惑煩惱時，生命就被卡在此岸，不能自主。一旦擺脫迷惑煩惱，消除製造的障礙和痛苦的力量，當下就在彼岸，自在自主，如來如去。這樣的生命，相信每個人都很嚮往。怎樣才能抵達彼岸？關鍵在於開啟智慧，所以叫「般若波羅蜜多」。

佛法中，對《金剛經》的解讀有兩個視角，一是般若中觀的視角，一是禪宗的視角。中觀主要立足於對二元世界的認識，這是我們現有的世界，有能所、美醜、善惡、男女、虛空大地的分別。其實，這些本身只是緣起的顯現，並不對立，但因為凡夫有我法二執，就形成了二元對立。

中觀的見地是讓我們看清，一切現象都是條件關係的假相，其中是沒有自性的。當我們認識到無自性，也就能進一步，從每個現象的當下體認空性，而不是進入我法二執，進入貪嗔痴。知道無自性的道理後，是不是就證悟空性了？沒那麼簡單。你有無自性的知識，不等於體認無自性的境界。這個過程需要建立正見，更需要通過禪修訓練，培養觀照般若，才能證悟實相般若。

從禪宗的見地，就是「直指人心，見性成佛」。《壇經》開篇就提出：「菩提自性，本來清淨，但用此心，直了成佛。」每個人都具有圓滿的覺性，只要認識到這個覺性，就能成佛。前面講到，《壇經》是讓我們直接認識般若智慧，所以開宗明義，告訴我們般若智慧是什麼。接下來的每一品，不管修什麼，打坐也好，懺悔也好，皈依也好，處處都立足於菩提自性的高度，立足於最高的見地，引導我們直接體認本心。

可見，中觀和禪宗對般若思想有不同的解讀角度。我們今天講《心經》，主要是從般若中觀的視角來詮釋。

五、《心經》的宗旨

通過解釋經題，我們已經了解到，《心經》究竟要解決什麼問題。接著再看經文，開頭第一句，進一步說明了本經的宗旨——通過什麼方式解決問題。

觀自在菩薩，行深般若波羅蜜多時，照見五蘊皆空，度一切苦厄。

觀自在菩薩，是觀世音菩薩的異譯。前者為玄奘三藏所譯，後者為鳩摩羅什所譯。從中可以看出，菩薩名號也蘊含著重要的修行意義。「觀自在」三個字，就是《心經》的修行要領。我們經常可以看到寺院大殿中懸掛著「得大自在」的匾額，因為成佛就是要得大自在。

現代人追求自由。這種自由往往是指外在環境，比如財務自由、信仰自由等。而佛法所說的自由是內在的，就是生命不再有迷惑煩惱，不再被外界變化左右，在任何情況下都能「不取於相，如如不動」。《華嚴經》講到十種自在，分別是命自在、心自在、財自在、業自在、生自在、願自在、信解自在、如意自在、智自在、法自在，就是大自在人生的真實寫照。

怎麼獲得自在？《心經》用了一個字——觀，要通過智慧觀照。般若智慧有三種，即文字般若、觀照般若、實相般若。首先是文字般若，凡能引導我們開啟般若智慧的經典和教言，都可稱為文字般若。

其次是觀照般若，聞思經教是為了把佛法智慧轉變為自身認識，如輪迴是苦、因緣因果、無常、無我等法義，都是重要的人生正見。學佛就是要學會用這些正見指導言行，待人處事。進一步，還要用這種正見指導禪修，培養觀智。如果內心的觀智沒有生起，僅僅依靠觀念，想要抵擋無始以來的串習，是沒有力量的。這就必須修習觀照般若，包括止禪和觀禪。首先要修止，否則是觀不起來的。佛教各宗對止禪的要求有深淺不同，有些宗派對止的要求很高，要達到四禪八定才能修觀；也有的宗派不要求有太深的定力，只要令心安住，就能以各種善巧引發觀慧。但不論深淺，總是要有止的基礎。

止禪的訓練並不複雜，最常見的是通過專注呼吸，知息長短粗細；或是通過經行，專注於抬腳、邁步的每個動作；或是選擇一個所緣對象，如憶念佛像、佛號，憶念佛法僧三寶的功德等。通過修習止禪，系心一念，讓紛飛的念頭平息下來。就像一潭渾濁的水，如果讓它靜止不動，漸漸地，水中的雜質就會沉澱，使水變得清澈，從而看清水中到底有些什麼。

心本來像鏡子一樣，具有了了明知的作用。但凡夫總是被無明、妄念所擾，失去明的力量。通過止禪降伏妄念後，內在的觀智才會生起，使我們看清念頭的生滅，不隨所動。而不是像現在這樣，面對每一個念頭和串習，一方面不知不覺，一方面身不由己。想要放下時，放不下；不想生氣時，做不到。每天被各種事務和情緒左右，身心疲憊，卻沒有休息的能力。即使有一點閒暇，也無心安安靜靜地和自己在一起，所謂樹欲靜而風不止。

通過禪修訓練，當內在觀智逐步強大，我們就可以在念頭中自主，進而運用觀智，平息種種情緒和煩惱。這是生命走向自在的過程。當內心越來越清淨，你會發現，起不起觀照，心本身所具有的觀照力永遠都在那裡。這就是正遍知的力量。由此，就能開啟實相般若。安住於這種觀智，即使串習偶爾出現，或有情緒生起，對我們也不會有什麼影響，所謂長空不礙白雲飛。

所以「觀自在」既是菩薩的名號，也是令人嚮往的境界，不僅自己自在，還以慈悲和智慧引導眾生走向自在。

「行深般若波羅蜜多時。」這裡所說的是指實相般若。因為他是觀自在菩薩，所以不需要通過文字般若和觀照般若，可以直接安住於實相般若。

「照見五蘊皆空。」五蘊為色、受、想、行、識，代表我們現有的生命體。其中，色是物質，受是情感，想是思想，行是意志造作的作用，識是眼等諸識。當觀自在菩薩以甚深般若智慧觀照五蘊時，照見五蘊皆空。

空有兩個層面，一是看到一切現象都是條件、關係的假相。不像凡夫會對五蘊產生我執，進而執著自己的身材、相貌、健康等，產生法執。這是凡夫對五蘊的認識。但菩薩以空性智慧看到，生命體就是一堆物質和精神的組合，其中並沒有固定不變的實體。這個空的重點是幫助我們了解，五蘊假合的生命體沒有自性的存在。更重要的是，直接體認到五蘊現象的本質就是空性。認識到現象的空只是初步的，只要學學教理，我們多少也能認識到這個道理，但這不過是停留在知識上的空。具備禪觀的智慧，我們才能透過現象的空，直接體認空性。這種能觀照的智慧和所通達的空性是一體的，不是兩個東西。

「度一切苦厄。」當我們真正照見五蘊皆空，就有能力擺脫世間的一切痛苦和災難，成就解脫自在的人生。

這是《心經》的修行綱領，對經題中的「以智慧到彼岸」作了進一步解讀。

六、中觀正見

那麼，我們又該如何獲得空性智慧，完成空性禪修？經中接著告訴我們：

舍利子！色不異空，空不異色。色即是空，空即是色。受想行識，亦復如是。

我們看到的宇宙萬有、山河大地，一切都是實實在在的，怎麼會是空呢？那我們眼前的桌子、房子又算什麼？之所以有這樣的疑惑，是因為我們覺得，空和有是二元對立的——有就是有，空就是沒有。而《心經》告訴我們，有和空是一體的，看到有就是看到空。如果不具備這樣的智慧，就會在有的現象上產生自性見，產生貪著，產生永恆的期待。事實上，所有煩惱都和我們的認識有關。

我們盤點一下自己的煩惱就會發現，每一種都有各自的依託點和產生基礎，或是來自孩子，或是來自家庭，或是來自事業，或是來自人際關係。為什麼這件事能讓你煩惱？並不是在於事情本身，而是因為你對它有一種執著和期待。當事情和你的設定不符時，煩惱隨之而生。

凡夫對每件事都會產生我執和法執。我執，是對五蘊色身產生自我的設定和執著；法執，是對一切事物產生錯誤的設定和執著。這兩種執著是一切煩惱的根源，唯識宗稱為遍計所執。就像有人在月光下看到一條繩子，因為看不清，把它誤以為蛇，飽受驚嚇。杯弓蛇影也是類似的典故。有人到朋友家喝酒，偶然看到杯中有條蛇，以為自己喝了下去，越想越覺得蛇在肚子裡作怪，結果嚇出病來。朋友得知後，再次把他請到家中。原來朋友家牆上掛了一張弓，舉杯時，弓影正好照到杯中，看著就像是蛇。當他了解真相後，病馬上好了。我們的煩惱也是同樣，並不是實實在在的，而是來自對世界的錯誤設定、想像和期待，就像杯中那條不存在的蛇。

學佛，就是要對世界建立智慧、如實的認識。究竟應該怎麼看世界？如果問基督教徒，他們認為世界是上帝創造的。如果問唯物論者，他們認為世界是進化而來，有極大的偶然性。佛法既不認可神創論，也不認可偶然論，而是提出「因緣因果」，所謂「諸法因緣生，諸法因緣滅」。從內在的五蘊身心到外在的大千世界，都不例外。

《心經》所說的「色不異空，空不異色，色即是空，空即是色」，就是從緣起來觀察色法。我們平時所說的色，主要指顏色或美色等。佛法所說的色，包括一切物質現象。我們對物質的認識有兩方面，一是顏色，為顯色；一是形狀和體積，為形色。顯色和形色，構成了物質的存在。「色不異空，空不異色」說明，存在的現象（有）和空不是兩個東西。後兩句更進一步，直接說明「色即是空，空即是色」。

為什麼說色不異空？在《心經》短短的兩百多字中，三個字出現得特別多，那就是「空、無、不」。「色不異空，空不異色，色即是空，空即是色」用的是「空」；「不生不滅，不垢不淨，不增不減」用的是「不」；「無受想行識，無眼耳鼻舌身意，無色聲香味觸法，無眼界乃至無意識界」，則是一「無」到底。

這三個字都表示否定。到底否定什麼？佛法講空，並不是否定現實的存在，而是否定我們對世界的錯誤認識。我們在認識事物的過程中，會添加各種設定。比如把繩子當作蛇，蛇在客觀上是沒有的，是我們附加的；因為蛇而產生的驚嚇，本來也不該有，屬於無妄之災。佛法並不否定繩子的存在，而是否定我們在繩子上附加的蛇的錯覺。

唯識宗對世界的認識有三分法，也叫三性，即遍計所執性、依他起性、圓成實性。其中，圓成實代表空性和實相，依他起代表緣起的現象，遍計所執代表凡夫的認識。在般若中觀體系中，則以世俗諦和勝義諦來概括對世界的認識。世俗諦代表凡夫看到的現象世界，勝義諦代表世界的真相、實相。

我們面對依他起的現象時，會產生兩種認識，導向兩條截然不同的生命道路。如果因無明導致錯誤認識，就會進入遍計所執，引發迷惑、煩惱、生死輪迴。如果能以緣起的智慧觀察，看到一切都是條件關係的假相，是沒有自性的，就能在認識現象的當下通達空性，成就解脫。《心經》所指出的，正是對緣起現象的如實認識，告訴我們，有和空是不異的，是一體的兩面。

關於這個問題，《金剛經》用的是三段式。比如杯子：所謂杯子，即非杯子，是名杯子。杯子是緣起的存在，由很多非杯子的條件構成。離開這些條件關係的假相，根本不存在自性的杯子。但也不能說沒有杯子，這個由眾多條件組成的緣起現象是存在的，我們將它假名安立為「杯子」。學會這樣的觀察，我們在認識杯子的當下，就能體認它的空性，而不是陷入對杯子的貪著、情緒和自性見。

對於世界的觀察，中觀還以「不生亦不滅，不常亦不斷，不一亦不異，不來亦不出」的「八不」為總結。一切現象既不是永恆的，也不是敗壞後就什麼都沒有了，而會以另一種方式存在。

比如這個杯子，我們覺得它是一，是常，就會產生永恆的期待，失去時就會感到難過，進而引發煩惱。而從緣起的眼光看，杯子是由各種條件構成它的存在，離開這些條件，並沒有客觀、獨立、不依賴條件的杯子。所以不應該對杯子產生自性見，更不應該由此產生貪著。因為它的存在只是緣起假相，本質上是不常不斷的，也是不生不滅、不一不異、不來不去的。

如果沒有一的話，有沒有多？比如這個房間裡有很多人，很多東西，是不是代表多的存在呢？但中觀智慧告訴我們，沒有一，也沒有多。因為多是由一構成的，如果不存在自性的一，自然也不存在自性的多。我們可以用這樣的智慧來觀照一切事物，看清它就是各種條件的組合，無自性空，這樣就不會陷入一或多的執著。

《中論》還告訴我們：「諸法不自生，亦不從他生，不共不無因，是故知無生。」諸法是指一切法。這些現象是怎麼存在的？首先離不開它的產生。就像我們每個人，因為父母生了我們，所以才有我們的存在。桌子、房子也是如此，通過木材、人工等因緣的和合，才會產生桌子和房子。包括生活中的每個事物，因為它的產生，才有它的存在。我們會覺得，這是一些獨立的、實實在在的存在，從而對這個存在產生自性見。

但中觀祖師讓我們觀察：到底有沒有獨立、真實不變的存在？一切現象的產生，通常有幾種方式：或是自己產生，或是靠相對於自的「他」產生，或是自與他和合產生，或是沒有因緣就產生了。對於這四種方式，中觀祖師一一加以否定。

首先是自生，以佛法智慧觀察，任何東西都沒有自性，都是條件關係的存在。桌子不是由桌子自己產生的，房子也不是由房子自己產生的，所以它一定不是自生的。那是不是他生的呢？事實上，自和他是相對的。如果沒有自生，也就沒有他生。既然沒有自生，沒有他生，有沒有共生呢？沒有自，沒有他，也就不存在所謂的共。同時，更不可能是沒有因緣產生的。

中觀在這裡要否定的是什麼？不是否定這些因緣關係的存在，而是否定我們在現象上產生的自性見。當我們認識到現象只是條件關係的假相，不對此產生自性見，通過無自性的觀修，內在的觀智就會生起，就能在觀察現象的當下，通達空性。

所以說，中觀智慧就是幫助我們掃蕩輪迴的支撐。如龍樹菩薩的《中論》、《七十空性論》和提婆菩薩的《百論》，都是層層掃蕩。不論對生活現象還是修行結果，都不能產生執著，否則就會成為輪迴的支點。而法界是沒有支點的，沒有中心也沒有邊界。當然在修行過程中，這些支點並不是一下子掃掉，而是循序漸進的。有時會先給你一個支點，但最後都要掃除。

《心經》給我們提供的，也是這樣的中道正見，一方面要認識到緣起假相，一方面要認識到無自性空，這種智慧貫穿我們對每個現象的認識。「色不異空，空不異色；色即是空，空即是色」，正是中觀認識世界的公式。

「受想行識，亦復如是」則是簡明的表達方式，如果完整演繹，應該是「受不異空，空不異受；受即是空，空即是受。想不異空，空不異想；想即是空，空即是想……」因為原理相同，故以「亦復如是」來概括。

聲聞解脫道的修行，最基礎的就是三十七道品中的四念處，即「觀身不淨，觀受是苦，觀心無常，觀法無我」。我們對五蘊中的受想行識，也要這樣觀察。很多人會執著禪修時的感受，有一些體驗就各種在乎，患得患失。感覺好就歡喜，感覺差就沮喪。其實所有的感受，不論痛苦還是美妙的，只要一執著，就會被它抓住，干擾禪修的進展，更障礙我們體認空性。對想、行、識，同樣要做這樣的觀察，看到其中的無常無我。由此，在受想行識的當下體會空性。

當這些感受和念頭被照破，你會發現，它們是了不可得的。其實禪修主要是找到正確方法，然後就持續、穩定地精進。至於暫時感覺好一點或差一點，不必過分在乎。因為心靈世界是緣起的，有各種因素在作用。當然，隨著禪修功夫的提升，內心將越來越穩定。

七、空性的特質

舍利子！是諸法空相，不生不滅，不垢不淨，不增不減。

我們通過對五蘊的觀察之後，要進一步體認空性。空性到底什麼樣？那就是——不生不滅，不垢不淨，不增不減。

這也可以從兩個層面來認識。在二元對立的世界中，生滅、垢淨、增滅都很真實。但從無自性的層面，一切現象的生滅，都是條件關係的假相，不是自性的生，也不是自性的滅。所謂的生滅、垢淨、增滅只是相對的假相，是根據每個人的不同標準變化的，沒有絕對的生滅乃至增滅。

當我們以緣起智慧觀察生滅、垢淨、增減，不再陷入自性見，也就不再產生煩惱，從而保有一份清淨心。當你帶著清淨的心，在生滅、垢淨、增滅的當下，就能體會到不生不滅、不垢不淨、不增不滅。再來觀察世間的一切，就像從虛空的視角看雲彩變幻，你不會覺得，哪片雲必須是什麼樣的，必須是固定不變的。只有陷入自性見的時候才會覺得，這個就是好，那個就是不好，才會對生滅、垢淨、增滅產生執著。當我們體會到虛空一樣的心，就不再對生滅變化產生執著了。這是幫助我們直接認識空性的特徵。

每個人的煩惱不同，產生煩惱的因緣也不一樣。如果沒有智慧，面對任何現象時，都會產生錯誤的設定和執著，進而引發煩惱。《心經》的禪觀，正是幫助我們以智慧觀照人生乃至修行的方方面面，從中證悟不生不滅、不垢不淨、不增不減的空性。

八、禪觀世間和生死

是故空中無色，無受想行識，無眼耳鼻舌身意，無色聲香味觸法，無眼界乃至無意識界。

佛法對世間的觀察通常有三種方式，即五蘊、十二處、十八界。無色受想行識，是對五蘊的觀察；無色聲香味觸法，是對十二處的觀察；無眼界乃至無意識界，是對十八界的觀察。

前面已對五蘊作了分析，那麼十二處和十八界分別是什麼呢？我們的認識有能所之分，即能認識和所認識的世界。能認識，為眼、耳、鼻、舌、身、意六根；所認識，為色、聲、香、味、觸、法六塵。六根和六塵，為十二處。當根塵相觸，又會產生六種識，即眼識、耳識、鼻識、舌識、身識、意識。六根、六塵和六識，為十八界。我們有眼睛，才會有眼睛認識的世界，耳鼻舌身意同樣如此。所以說，我們擁有什麼樣的世界，主要取決於自身的認識。

如果這個認識是錯誤的，就會引發煩惱。有的煩惱來自感情，有的來自家庭，有的來自事業，有的來自人際關係……之所以有這些煩惱，根源就在於執著，在於錯誤認識。所以我們要學會用《心經》的公式來觀察，認識到感情、家庭、事業的真相。比如家庭：家庭不異空，空不異家庭；家庭即是空，空即是家庭。比如感情：感情不異空，空不異感情；感情即是空，空即是感情。比如事業：事業不異空，空不異事業；事業即是空，空即是事業。我們學習般若正觀之後，要把它帶到自己的生活中，以此觀察一切。

當我們能這樣去認識，在面對每一個事物時，就不會陷入錯誤設定，陷入貪著、煩惱、焦慮，而是看到這些現象的如夢如幻，當下就能通達空性，體認實相。所以說，家庭可以成為道場，事業可以成為道場，任何事物都能成為通達空性的管道。空性是無所不在的，每個有限的當下都蘊含著無限。

> 無無明，亦無無明盡，乃至無老死，亦無老死盡。

這是對生死的觀察。現在很多人有死亡焦慮，為什麼會這樣？是因為我們把生和死看得非常實在，就會在生的現象上產生自性見，在死的現象上也產生自性見，以為死亡就是一切的終結，於是貪著生，恐懼死。

當年佛陀在菩提樹下，就是通過對生死輪迴的觀察而覺悟。生命就像河流，遵循無明、行、識、名色、六入、觸、受、愛、取、有、生、老死十二因緣，周而復始。這也是輪迴的十二個環節，眾生因無明而造業，由業力推動識去投胎，構成名色。六入是我們認識世界的六個窗口，當它們接觸外境後，會產生各種感受，導致愛、取、有，導致生死的相續。

在此過程中，我們在每個環節都會產生自性見，產生執著。現在我們要學會用空性智慧觀察每一個環節，不論無明也好，行也好，識也好，乃至生死也好，都是無自性的存在，都是條件關係的假相。無明，其實根本沒有無明；行，其實根本沒有行；識，其實根本沒有識。這裡所說的沒有，是自性意義上的沒有。在緣起層面，無明乃至老死都是有的。

如果我們能了解到，構成生死的每個環節都是條件關係的假相，通過對它們的智慧觀照，就能在觀照的當下，體會到不生不滅的空性，在生死中超越生死。當我們體會到不生不滅的空性，還會害怕死亡嗎？

這是對十二因緣作空性禪修，所以叫「無無明，亦無無明盡，乃至無老死，亦無老死盡」。以無明和老死，概括了整個十二因緣。無明到老死，是凡夫的境界；斷除無明到解脫生死，是聲聞的境界。而以般若中觀的見地來看，本來就沒有所謂的無明，也沒有所謂的生死。在實相上，無明和生死都是無自性的，當下就是空性。當我們有了空性智慧，就能看到，既不存在所謂的無明，也不存在斷除無明的過程。因為它本來不存在，有什麼可斷？我們同樣會發現，在空性中，根本就沒有生死，有什麼可畏懼，可焦慮的？

無苦集滅道。

苦集滅道是四諦法門。佛法所有教理揭示的無非是兩點：一是輪迴的因果，一是解脫的因果。苦和集是輪迴的因果。苦代表生命當下的現狀，集代表痛苦產生的原因。滅和道是解脫的因果。滅代表涅槃，即修行結果，道則是以八正道為代表的一切修行。

我們現在覺得苦是實實在在的苦，煩惱是實實在在的煩惱，因此焦慮而痛苦。於是會執著修行，嚮往涅槃。但以空性智慧觀照，苦的本質就是空性，集的本質也是空性，就能在照破苦和集的當下體認涅槃。所以從空性的角度來看，根本就沒有苦集滅道。四諦也是緣起的假相，並非自性的、真實不變的存在。

通過這樣的觀照，我們就會認識到，輪迴和解脫在本質上是相同的，從而不再對輪迴和解脫產生對立，不再厭離生死，厭離輪迴。當我們照破輪迴，當下就能成就解脫。

九、解脫自在的人生

無智亦無得。

通過空性觀照可以了解到：世界是無自性的，了不可得，能觀察的心也是了不可得的。由此，真正體會到無所得的智慧。這個智慧是超越二元對立的，沒有能也沒有所。通過這一系列觀察，又回到了開頭——我們體認到「無智亦無得」的般若智慧後，生命會呈現出什麼樣的境界呢？

以無所得故，菩提薩埵依般若波羅蜜多故，心無掛礙。無掛礙故，無有恐怖，遠離顛倒夢想，究竟涅槃。

這種解脫自在的人生，是每個人都嚮往的。凡夫因為對自我的貪著，對家庭、感情、身分、名利的貪著，處處心有掛礙。有了掛礙，就會引發焦慮、恐懼、沒有安全感等負面心行。每天都因為這些事，胡思亂想，患得患失，背上沉重的心理負擔。

為什麼會有掛礙？因為我們有掛礙的心，就會進一步黏著掛礙的對象。只有具備無所得的空性智慧，才能認識到，掛礙的心和掛礙對象在本質上都是空的。當我們不再掛礙，也就不會恐懼、焦慮，不會顛倒夢想，真正體證到究竟涅槃。涅槃並不等於死亡，而是徹底平息了生命的迷惑和煩惱，開顯出內在覺性，是自在、空靈、令人嚮往的生命境界。

三世諸佛依般若波羅蜜多故，得阿耨多羅三藐三菩提。

開顯般若智慧，不僅是凡夫的需要。佛陀告訴我們，過去諸佛、現在諸佛、未來諸佛，都是沿著這條道路走向覺醒。阿耨多羅三藐三菩提，即無上正等正覺。無上是沒有比這更高的，正等正覺是究竟的覺醒。這是諸佛所成就的最高覺悟，最高智慧。

故知般若波羅蜜多，是大神咒，是大明咒，是無上咒，是無等等咒，能除一切苦，真實不虛。

這一段就像廣告。前面已經闡述般若的殊勝和修行方式，接著告訴我們，這個法門多麼重要。大神咒，說明般若智慧威力無比，能徹底斷除一切迷惑和煩惱，讓眾生獲得拯救，獲得自由，同時又能幫助眾生。大明咒，說明般若法門能引導我們開啟智慧光明。無上咒，即最高的法門。無等等咒，即究竟且獨一無二的法門。這不是單指《心經》，也包括能引導我們開啟智慧、成就覺醒的所有修行。

這不是虛假廣告，不是言過其實。當我們開啟般若智慧，確實能從根本上解決迷惑、煩惱，擺脫生命中的一切痛苦。怎麼知道它真實不虛？因為三世諸佛、歷代祖師都是這樣修行的，都是沿著這條道路，從迷惑走向覺醒。

故說般若波羅蜜多咒，即說咒曰：揭諦，揭諦，波羅揭諦，波羅僧揭諦，菩提薩婆訶。

最後以咒語來表達。一般來說，咒語是不翻譯的。如果簡單翻譯，「揭諦，揭諦，波羅揭諦」，是佛陀勉勵我們：去啊，去啊，到彼岸去，到那個沒有迷惑、煩惱的彼岸。「波羅僧揭諦，菩提薩婆訶」，就是大家一起去，而不是獨自前往。這是大乘佛教的發心。我們要發菩提心，利益一切眾生，帶領他們走向最高的覺醒，走向解脫自在的彼岸。

《心經》雖然篇幅很短，但文約義豐，蘊含的智慧極為豐富，是證悟空性的利器。所以對本經的學習不只是念一念，而要依此獲得般若中觀的見地，進而以這一見地指導禪修，照見五蘊皆空，照見十二處、十八界、十二因緣、四諦乃至一切法的空性本質。

本次的活動主題是禪修，因緣非常殊勝。我平時講《心經》並沒有涉及這麼多禪修內容，今天算是一次比較特殊的分享，希望對大家有所幫助。

《超越「二」的智慧》

——《金剛經》解讀

在一萬多卷漢傳佛經中，《金剛經》是國人最耳熟能詳的經典之一。即使不是佛教徒，即使從未讀過佛經，也往往由於這樣那樣的因緣聽過這個經名，或聽過其中某個偈頌、某句經文。其普及程度，唯有同屬般若系經典的《心經》可相提並論。

那麼，《金剛經》到底說了些什麼？為什麼千百年來，人們對它奉若圭臬，推崇備至？

自《金剛經》傳入漢地以來，從古德對它的注疏、論釋，到今人對它的解讀、研究，可謂精采紛呈。所以，這次我們將從另一個角度契入，不是按經文依次解讀，而是圍繞經中關注的二十個問題，開顯本經蘊含的修行原理。

誦過《金剛經》的學人應該有這個印象——經中的重複之處較多。尤其是初接觸者，難免心生疑惑：佛陀為什麼要用這種方式說法？其實，這種重複並不是完全雷同，而是關注了相似的問題，但在解說上有所側重，從不同角度進行闡發。如果把握不住重點，我們就可能在修學本經時，既有似曾相識之感，又有不甚了了之惑。

基於此，我們特別把相似的問題編輯在一起，加以對比和說明。比如《金剛經》多處說到怎樣看待佛身——可以三十二相見如來嗎？也多處論及怎樣理解說法——如來究竟有沒有說法？通過這些對照，便於我們更好地了解並掌握本經主要思想，進而在佛陀的引導下，以般若智慧認識這些問題。

緒論：從《般若經》在佛教的地位說起

《金剛經》屬於般若系經典，所以在正式講述本經之前，先給大家介紹一下《般若經》在佛教中的地位。

1．從大乘三系看

近代的太虛法師和印順法師把大乘佛教歸納為三系。

一是性空唯名系，認為一切法的存在都是因緣和合的，不過是假名安立而已，其本質都是空性。闡述這一思想的經論，主要是般若系經典，以及依《般若經》所造的論典。如龍樹菩薩所造的《大智度論》、《中論》、《十二門論》，提婆菩薩所造的《百論》等。

二是虛妄唯識系，側重從妄識探討人的心理現象，通過對八識五十一心所的解析，幫助我們所認識的世界都是心識的作用和顯現。換言之，我們所認識的世界，沒有離開我們的認識。主要經論有《解深密經》，及彌勒菩薩所造的《瑜伽師地論》、世親菩薩所造的《唯識三十論》等。

三是真常唯心系，與虛妄唯識系相反，主要立足於真心探討修行原理，認為眾生本自具足圓滿無缺的佛性，又稱如來藏，這是覺悟成佛的潛質。主要經典有《涅槃經》、《楞嚴經》、《勝鬘經》等。

在三系中，《般若經》屬於性空唯名系。

此外，也有將大乘佛教分為兩系的觀點。如義淨三藏在《南海寄歸傳》中說：「所言大乘，一者瑜伽，二者中觀。」如果歸納為兩系，那麼《金剛經》是屬於中觀的典籍。

2．從漢傳佛教的判教看

佛教傳入中國後，東晉慧遠法師在廬山與道友共結蓮社，同修淨業，被後人尊為淨土宗初祖，這也是漢傳佛教最早的宗派。隨著經典的不斷翻譯和傳播，至隋唐逐漸形成天台、三論、華嚴、唯識、禪、密、律、淨八宗。其中，有幾個宗派和《般若經》關係密切。

如吉藏法師創立的三論宗，就是以《般若經》為最高典籍，依《中論》、《百論》、《十二門論》建宗立派。

此外，天台宗將佛陀的一代時教判攝為藏、通、別、圓。其中以《般若經》為通教，通前通後，通化三機。所謂通前，是指它能接引二乘人進入大乘；通後，則是作為深入其他大乘經論的基礎。比如學修《法華經》、《華嚴經》、《涅槃經》等，如果沒有以緣起性空的正見為基礎，就容易於如來藏的思想產生常見。

禪宗最初傳入時，達摩祖師以四卷《楞伽》印心。到了四祖道信，宣導弟子們誦念「摩訶般若波羅蜜」，五祖弘忍則直接讓弟子們修學《金剛經》。至六祖惠能，和《金剛經》更是因緣深厚，不可思議。最初，六祖就是因為聽人誦念《金剛經》而發心修行，其後又因聽聞五祖解說《金剛經》，至「應無所住而生其心」開悟。整個《六祖壇經》，就是建立在《金剛經》的基礎上，為學人指明了最為快捷的頓悟路徑。

3．從藏傳佛教看

在藏傳佛教中，格魯派特別推崇《般若經》，以中觀見為最高、最究竟了義的見地。至今，很多藏族家庭依然有供奉《般若經》的傳統，其地位可見一斑。

而寧瑪派認為，佛陀說法有三轉法輪。初轉法輪側重說有，如四諦、十二因緣、五蘊、十二處、十八界；二轉法輪側重說空，說一切法是無自性空的，即般若法門；三轉法輪又是說有，說一切眾生有如來藏。所以他們稱般若為中觀，依如來藏建立的大圓滿則是大中觀。大中觀要建立在中觀基礎上，以《般若經》的空性正見為基礎。這個觀點類似天台的判教，也是以般若為通教。

由此可見，不論在印度佛教、漢傳佛教還是藏傳佛教中，《般若經》都有舉足輕重的地位。

一、般若經典概說

在漢傳佛教中，般若系經典是分量最大且品類最多的，如《心經》、《金剛經》、《摩訶般若》、《放光般若》等。而對《般若經》的翻譯，幾乎貫穿了整個佛經翻譯史。佛經最初在東漢被翻譯到中國，至西元一七九年就已翻譯《道行般若經》。此經傳入不久，正值中國文化史上玄學盛行之際。玄學思想的主體是老莊，崇尚虛無。而般若法門的重點也是談空說無，所以當時的文人士大夫們對般若思想產生了濃厚興趣。很多高僧大德為方便接引他們信仰佛教，紛紛致力於般若經典的研究。

如果對般若系經典做一個簡單歸納，可根據其體量分為小品、中品、上品三類。

小品體量較小，約十卷左右。如支婁迦讖翻譯的《道行般若經》，鳩摩羅什翻譯的《小品般若經》

等，都是傳入中國最早的般若經典。

中品體量較大，約三十卷左右。如朱士行翻譯的《放光般若經》，鳩摩羅什翻譯的《摩訶般若波羅蜜經》等。後者是般若系經典中較為重要的一部，龍樹菩薩所造的《大智度論》就是對此經的注解。

上品體量最大，即玄奘三藏翻譯的《大般若經》第一會，四百卷。可以說，這也是般若經典翻譯的巔峰。《大般若經》的梵本共二十萬頌，分十六會，囊括了幾乎所有的舊譯般若經典。換言之，其他般若系經典都是由《大般若經》的不同部分獨立成篇。如《摩訶般若經》相當於《大般若經》的第三分；《道行般若》相當於《大般若經》的第四、第五分；《文殊般若》相當於《大般若經》的第七分「曼殊師利分」；《金剛般若波羅蜜經》相當於《大般若經》的第九分「能斷金剛分」；《理趣般若》相當於《大般若經》的第十分「般若理趣分」。玄奘三藏對這些部分都作了重譯，而第一會的四百卷，及第十一會到十六會的「六度分」則是新譯的，為舊譯般若經典所無。

般若經典不僅分量如此之巨，且分別在王舍城靈鷲山、給孤獨園、他化自在天王宮、王舍城竹林精舍四處宣說。天台宗謂之為「二十二年般若說」，也就是在佛陀四十五年說法過程中，用了近一半時間宣說般若經典，可見其對於修學佛法的重要性。

在這些經典中，內容最精煉的當屬《心經》，僅兩百餘字，和《金剛經》一樣，在漢傳地區廣泛流傳，堪稱六百卷《般若經》的精髓。

二、《金剛經》的翻譯與弘揚

1．《金剛經》在中國的翻譯

《金剛經》共有六個漢譯本。其中，姚秦鳩摩羅什於弘始四年（西元四〇二年）、元魏菩提留支於永平二年（西元五〇九年）、陳真諦於天嘉三年（西元五六二年）的譯本，都名為《金剛般若波羅蜜經》，各一卷。此外，還有隋達摩笈多於開皇十年（西元五九〇年）翻譯的《金剛能斷般若波羅蜜經》一卷。唐玄奘三藏於貞觀二十二年（西元六四八年）翻譯的《能斷金剛般若波羅蜜多經》一卷，編入《大般若經》五七七卷，即第九「能斷金剛分」。唐義淨三藏於長安三年（西元七〇三年）翻譯的《能斷金剛般若波羅蜜多經》一卷。

在這些譯本中，鳩摩羅什的譯本是中觀系統所傳。而其他五個譯本都屬於瑜伽系統所傳，經文內容與無著和世親菩薩所造的《金剛經論釋》有關，是從論中抽取出來成篇的。

羅什三藏所譯的《金剛經》，全稱為《金剛般若波羅蜜經》，而在達摩笈多、玄奘三藏和義淨三藏的譯本中，增加了「能斷」二字，內涵也有所不同。在羅什三藏的譯本中，金剛是代表般若智慧，說明般若智慧像金剛一樣，堅固有力，戰無不勝，能摧毀眾生的無明煩惱。而在玄奘譯本中，金剛是比喻眾生無始以來的煩惱執著。這些煩惱就像金剛一樣堅固，唯有般若智慧才能將之摧毀。修行就是要通過開啟智慧，摧毀眾生內在的我法二執，及由此產生的種種煩惱。

除漢譯外，《金剛經》也有藏譯本。其中，德格版《金剛經》和菩提流支、真諦的譯本相近，北京版《金剛經》與達摩笈多，尤其是玄奘譯本相近。

此外，《金剛經》還存有梵本。二十世紀初，斯坦因曾在敦煌千佛洞發現於闐譯本，是極為珍貴的史料。

在漢傳佛教地區，流傳最為廣泛的是羅什譯本。不僅依此修學者最多，歷代祖師的注釋也集中於此。對唯識有興趣的學人，將來在研究《金剛經》的過程中，也可參考玄奘譯本加以對照，或許會有不同收穫。

2.《金剛經》的弘揚

《金剛經》的弘揚和普及程度，主要體現在注釋多、誦者多、抄本多幾方面。

【注釋多】

首先，它的注釋很多，很多古德都曾解讀過《金剛經》。

被譽為「秦人解空第一」的僧肇撰寫了《金剛般若波羅蜜經注》，三論宗祖師吉藏撰寫了《金剛般若疏》，天台宗祖師智顗撰寫了《金剛般若經疏》，禪宗六祖惠能則有《金剛般若波羅蜜經口訣》。此外，華嚴宗祖師宗密、唯識宗祖師窺基等，都有關於《金剛經》的注疏流傳於世。僅收錄在續藏的部分，就達七八十種。

近代以來，對《金剛經》的弘揚也不曾中斷。從太虛法師、圓瑛法師、倓虛法師、慈舟法師等近代高僧，到印順長老、南懷瑾先生等當代大德，都曾為《金剛經》作過注解。我在二十多年前也出過《金剛經的現代意義》。

注釋多，可以為修學《金剛經》帶來不同的思考角度。因為《金剛經》雖只有短短五千餘言，但文約義豐。如果沒有引導，很難體會其間深意。

【誦者多】

其次，它的讀誦者很多。我們在《六祖壇經》可以看到，當年，賣柴少年惠能正是因為偶然聽人讀誦《金剛經》，「一聞經語，心即開悟」，才有了前往黃梅參學的因緣。而在歷代各種「感應錄」中，因為讀誦《金剛經》而心開意解或蒙佛加被的記載，更是不勝枚舉。時至今日，仍有很多四眾弟子將讀誦本經作為日常定課，日日誦，年年誦。

【抄本多】

《金剛經》不僅在教界廣泛流傳，在文化界也有著重要影響。歷代文人多愛其文字優美而爭相傳誦，書法家更留下大量傳世墨寶，其中不少已成為珍貴的文化遺產。如泰山經石峪的《金剛經》，鐫刻於一千四百多年前的北齊，字徑約半米，是現存摩崖石刻中規模空前的巨製，被尊為「大字鼻祖」、「榜書之宗」。

此外，柳公權、趙孟頫、董其昌、文徵明等書法名家，及近代的弘一法師、林則徐等，都曾抄寫過《金剛經》，充分說明了《金剛經》的流傳之廣，影響之大。

【本經廣受歡迎的原因】

為什麼《金剛經》有這麼大的信仰「市場」？我覺得，主要有這樣幾方面的原因。

第一，譯文簡明曉暢，讀來琅琅上口。這正是羅什譯文的風格。鳩摩羅什為中國四大佛經翻譯家之一，當年他在長安譯經時，協助譯經者達三千之多，其中不乏僧肇、道生、僧叡等一流高僧。其譯文特點是意譯而不是直譯，更符合漢語的表達方式。所以羅什所譯的《維摩經》、《法華經》、《金剛經》、《大智度論》等經論，不僅義理準確，且文字引人入勝，有著特殊的感化力量。除了可以作為佛經讀誦，還可以作為文學作品欣賞。

第二，《金剛經》蘊含著高深的佛理，令人百讀不厭，回味無窮。本經以佛陀十大弟子中「解空第一」的須菩提為當機者，直接闡述空性。這是佛法修行的核心。如果以凡夫的思惟方式來思惟，不論多麼聰明，也無法透徹其中奧妙。所以，佛陀以極富思辨性的開示，通過「所謂、即非、是名」的公式，善巧地為眾生指明了方向。經中每說到一個問題，比如怎樣修習布施，怎樣度化眾生，怎樣莊嚴國土等，都讓我們以這個公式去看待，為契入空性禪修奠定基礎。

第三，經中蘊含的無相、無我、無所得的思想，能幫助我們放下執著，身心自在。世人總是以自我為中心，處處住相，事事執著，所以活得很累。時常思惟一下本經義理，如「一切有為法，如夢幻泡影，如露亦如電，應作如是觀」等，不管能理解多少，都會有所啟發。

第四，《金剛經》可以引導我們開啟智慧，見性成佛。佛陀在本經的所有開示，如佛身無相、佛果無所得等，都是立足於空性所說的。如果在世俗諦上，有佛果可得，也有眾生可度。而本經直接告訴我們，這一切都是了不可得的，從而掃除我法二執，是佛陀特別為上根利智者所說。

第五，受持《金剛經》能成就無量功德，這也很有誘惑力。對多數人來說，證悟空性遙不可及，他們更關心讀經後有什麼利益。佛陀針對凡夫的這一心理，在講空、無相、無所得的同時，反覆告訴我們讀誦《金剛經》的功德，可謂「先以欲鉤牽，後令入佛智」。

第六，禪宗對《金剛經》的重視和提倡，對弘揚本經起到了極大的推動作用。漢傳佛教雖然有八大宗派，但到宋元之後，禪宗基本占了半壁江山。在這一背景下，禪宗的重視自然是一股不容忽視的力量。

第七，宋代的度僧考試中有《金剛經》的科目，相當於現在的教科書，是出家人的必讀經典。因為以上這些因素，《金剛經》得以廣泛弘揚。

三、經題與本經的宗旨

1・釋般若

第一、般若何義

每部經都有經題，對了解全經內容具有畫龍點睛的作用。比如《佛說阿彌陀經》是介紹阿彌陀佛和他所成就的西方淨土；《地藏菩薩本願經》是介紹地藏菩薩在因地發願的經過；《藥師琉璃光如來本願功德經》是介紹藥師如來在因地所發的十二大願和成就的淨土；《維摩詰所說經》是介紹維摩詰居士的見地和修行法門。

我們現在學習的《金剛般若波羅蜜經》，它的宗旨是什麼？或者說，它究竟要解決什麼問題？金剛，比喻般若智慧堅不可摧，具有斷除煩惱的作用。在《六祖壇經．般若品》中，詳細介紹了般若智慧的內涵。

首先，般若具有空的特徵，像虛空一樣無形無相，無邊無際，但又不同於虛空的空無所有。虛空的空是頑空，什麼都沒有，但般若智慧還有明的特點。所以，佛典常以「空明不二」比喻般若智慧。這個明就是明晰的觀照力，了了分明。其次，般若能出生萬法。山河大地，宇宙萬有，都是般若智慧顯現的，都沒有離開這個空明不二的智慧，即《壇經》所說的「何期自性，能生萬法」。此外，般若還有朗照無住的特點。雖能含攝萬法，但又心無所住，就像鏡子一樣，顯現一切而纖毫不染。

所以，《金剛經》的修行要領就是「應無所住而生其心」，所謂「不住色生心，不住聲香味觸法生心」。

而凡夫心是有所得、有所住的。《壇經》說：「般若智慧世人本自有之，只緣心迷，不能自悟。」般若是我們本來具足的，只是被無明遮蔽，所以才迷失了，不能覺悟。禪宗的修行特點是直指，引導我們直接體認般若，體認生命內在的覺性，所以對根機的要求特別高。而對多數人來說，通過中觀思想建立正見，認識到一切都是因緣所生，是無自性的，由此遣除我法二執，掃蕩煩惱障和所知障，再通過空性禪修來開顯般若智慧，相對更容易契入。

第二、般若的種類

說到般若，有文字般若、觀照般若和實相般若之分。

所謂文字般若，是幫助我們獲得正見並成就智慧的言教，包括三藏十二部典籍，也包括一切具有正見的佛學書籍和開示等。學佛是以聞思修為常道，首先要從文字般若入手，通過聽聞正法、如理思惟來樹立正見。學習經教的目的，不是為了掌握一些佛法知識，更不是為了增加什麼談資，而是對世界和人生建立正確認識。這就需要不斷地理解、接受、運用。在理解的基礎上接受，在接受的前提下運用，在運用的過程中繼續加深理解。通過這種輪番修習，將從經教得來的認識轉化成自身觀念。但僅僅這樣還不夠，因為文字般若只是工具，還要藉助禪修，才能契入觀照般若。

在每個人內心，乃至每個念頭的背後，都隱藏著一份觀照力。禪修的目的，就是將這種力量開顯出來。一旦具足觀照般若，不僅能如實觀照外在世界，也能對起心動念了了分明。而不是像我們現在這樣，總是在無明中探尋，就像那些摸象的盲人一樣，被自己以為的錯覺欺騙著，蒙蔽著。

如果說文字般若是工具，那麼觀照般若就是手段，而實相般若才是真正的般若之體。所謂實相，即事物的本來面目，是離一切虛妄造作的真實相。

此外，般若還分為實智和權智。實智即般若的體，是通過觀照般若體認到的無漏智慧的本體。權智則是般若之體產生的無量妙用，是了解眾生和世界差別的智慧。

第三、般若的妙用

那麼，開顯般若智慧究竟有什麼作用？

首先，般若能使我們證悟空性。以我們有漏的妄識，是無法直接體認空性的。但般若智慧和空性並不是兩個東西，而是體和用的關係。空性代表空的層面，般若智慧代表明的層面，二者是一體的，所謂空明不二。

其次，般若能使我們徹底斷除無明。在無盡輪迴中，眾生因為無明而有我法二執，由此發展出種種煩惱。唯有依靠般若智慧，才能徹底破除無明，瓦解煩惱。

第三，般若能引導萬行，使我們成就無漏功德，圓滿菩提道的修行。六度是大乘佛法的主要修行內容。其中，布施、持戒、忍辱、精進、禪定前五度都要依般若而成就，所謂「五度如盲，般若如導」。如果沒有般若的引導，前五度只是有漏的人天善法，是不究竟的，不能成為無上佛果之因。唯有在般若引導下，才能將這些善法導向無漏的菩提資糧。

第四，般若具有朗照無住的作用。唯有在般若智慧的觀照下，我們才能真正做到「應無所住而生其心」。否則的話，既照不分明，也做不到無住。

2．釋波羅蜜

波羅蜜是梵語音譯，意為究竟，到彼岸，或最簡單的一個字——「度」。那什麼是彼岸？又怎麼度？

其實，佛教所說的此岸和彼岸，並不是方位、時空上的變化，而是內心的轉變。一旦體認般若，就能破迷開悟，從煩惱此岸到達覺悟彼岸，從生死此岸到達涅槃彼岸。

四、《金剛經》的科判

科判就是目錄。現在通行的《金剛經》共三十二分，這個科判並不是經文本身的內容，而是梁武帝長子昭明太子為便於人們修學所作的劃分。經常有人問，誦經時要念這些標題嗎？其實念不念都可以，看各自習慣。

在印順法師的《般若經講記》中，則把《金剛經》分為二道五菩提。二道，即般若道和方便道。本經開篇，須菩提向佛陀提出：「善男子，善女人，發阿耨多羅三藐三菩提心者，應云何住，云何降伏其心？」到十七分，須菩提再次提出這個問題。就文字來看，兩次提問幾乎沒有區別，但內涵是不同的。印老便據此作了劃分。首次提問至十六分屬於般若道的修行，主要引導我們開顯般若智慧。十七分之後屬於方便道的修行，從空出有，從體起用。

除二道外，印老還將全經內容分為五菩提，涵蓋了發菩提心到成就無上菩提的過程，分別是發心菩提、伏心菩提、明心菩提、出到菩提、究竟菩提。

第一是發心菩提，即「善男子、善女人，發阿耨多羅三藐三菩提心」。這是發起菩提心、走向菩提道的開始。

第二是伏心菩提。在修習菩薩行的過程中，需要降伏內心的二執（我執、法執）和二障（煩惱障、所知障），直至見道。

第三是明心菩提。按印老的區分，前面提出的「善男子、善女人，發阿耨多羅三藐三菩提心」，只是世俗菩提心。到十七分再次提出這個問題時，就進入了勝義菩提心，即建立在空性基礎上的、經過提純的菩提心。

第四是出到菩提，包括見道至成就佛果的整個過程。因為見道只是開啟聖道之始，之後還要不斷修道，圓滿成佛資糧。

第五是究竟菩提，即最終成就的佛果。這是印老對《金剛經》所作的分判。

我在修學《金剛經》的過程中，並沒有看出這樣一個很明確的次第。我覺得，《金剛經》雖然在表現形式上比較鬆散，但這種鬆散是形散神不散。不論講佛果、佛身，還是度眾生、莊嚴國土，目標都是一致的，是從不同角度引導我們體認空性，修菩薩行。

五、《金剛經》的主要思想

《金剛經》的主要思想，是菩提心、菩薩行、無我、無相（無所得）、中道見、無住六方面。以下，我們先簡單介紹一下。

1．菩提心

作為本經當機者的須菩提尊者，兩次圍繞發菩提心向佛陀提問：「善男子、善女人，發阿耨多羅三藐三菩提心，應云何住，云何降伏其心？」對於大乘菩薩道的修行來說，發菩提心是必須具備的前提，同時也是成佛的不共因。如果沒有菩提心，即使證悟空性，也只能成就解脫，不能進一步自覺覺他，圓滿佛果。

所以，《金剛經》開篇就提出：發起菩提心之後應該如何修行？

2．菩薩行

菩提心只是利他的願望，之後還要落實到行動，也就是行菩薩行。《金剛經》第四分說到菩薩如何修布施，第十分講到如何莊嚴國土，十四分講到如何修忍辱波羅蜜，都是有關菩薩行的內容。

《金剛經》和《心經》的不同在於，《心經》是直接講空性，告訴我們五蘊的本質是空性，十二處的本質是空性，十八界的本質是空性，十二緣起的本質還是空性。所謂「無眼耳鼻舌身意，無色聲香味觸法，無眼界乃至無意識界，無無明亦無無明盡，乃至無老死亦無老死盡」，一無到底，直接從法的本身揭示其空性本質。

而《金剛經》是通過行菩薩行，引導我們體認空性。作為菩薩行者，不僅自己要領悟空性，還要廣泛利益眾生。對於常人來說，很容易因為做事引發執著，生起有所得之心，甚至陷入名利及人我是非。所以佛陀反反覆覆地告誡我們，如何在行菩薩行的同時，保持心無所住的狀態，從而圓滿空性的修行。

3．無我

六度中，有不少和世間善法是相通的，如布施、忍辱等。那麼，菩薩行又具有什麼樣的特點和境界？作為菩薩，利他時首先不能陷入我執，也就是《金剛經》反覆提及的無我相、人相、眾生相、壽者相。如果陷入四相，哪怕做再多的利他事業，也只是一個善良的人，一個樂於助人的人，並不是佛教所說的菩薩行。

菩薩的利他，是在悲心驅動下的自發行為，是無我的。因為無我，就不會有好惡之心，才能平等利他，毫無分別；因為無我，就不會有任何執著，才能傾其所有，而不是瞻前顧後，患得患失。

4．無相、無所得

菩薩必須具備無我的心行，而從事相上說，則應通達無相、無所得。比如在度眾生的過程中，不能黏著於眾生相，而要認識到其本質是空的、無相的，然後帶著無所得的心去做。對結果更不可執著，不能因為「我為他做了什麼」，就期待對方會怎樣。總之，不可取我相，不可取法相，也不可取非法相。

《心經》出現最多的就是不、空、無。而在《金剛經》中，出現更多的是無相、無所得。兩種表述方式雖然不同，但目標是完全一致的。

5．中道見

當我們說到無相、無所得時，難免會出現偏空的傾向。為了對治這種弊端，《金剛經》在解說每個問題時，都會提出「所謂……即非……是名……」的三句式。一方面告訴我們這些是空的，了不可得，但同時又告訴我們，不要否定因緣假相。說空，是為了破除常見；說因緣假相，是為了破除斷見。眾生很容易陷入邊見，所以龍樹菩薩的《中論》特別告訴我們：「不生亦不滅，不常亦不斷，不一亦不異，不來亦不出。能說是因緣，善滅諸戲論。」引導我們以緣起的眼光看世界，破除常見、斷見、生見、滅見、來去、一異等各種偏見。

當心不再陷入各種偏見和執著，內在智慧就會顯現。正如《壇經》所說：「菩提般若之智，世人本自有之，只緣心迷，不能自悟。」既然本來就有，為什麼不能自悟？就是因為心陷入迷惑，有如重重霧霾，遮天蔽日，讓我們看不見真相。

《金剛經》的中道智慧，正是引導我們放下偏見。既不住於有，也不住於空；既不落入常見，也不落入斷見。

6．無住

無住是般若的作用。只有證悟空性，才能心無所住——不住於空有，不住於美醜，不住於任何境界。

凡夫會住於三界，聲聞會住於涅槃，而菩薩成就了無所得的智慧，才能悲智等持。因為智，故不住三有；因為悲，故不住涅槃。菩薩不是出於個人喜好做事，也不是為了完成任務，更不需要從中獲得成就感，只是出於純粹的慈悲，出於眾生的需要。又因為菩薩明瞭無我、無相、無所得的本質，所以在廣行六度、尋聲救苦的同時，不會陷入任何執著，而是像雁過長空那樣，不留任何痕跡。

六、穿衣吃飯

《金剛經》的序分，是關於佛陀入城乞食的描述。就像一幅畫卷，將我們帶到兩千五百多年前的舍衛城。在那裡，佛陀正向我們緩緩走來，說法，釋疑……

根據漢傳佛教的傳統，將每部經概括為三部分，分別是序分、正宗分和流通分，類似序論、正論和結論。《金剛經》的序分，包括證信序和發起序兩部分。

1．證信序

證信序，又稱通序，即佛典的通行模式。打開佛經，通常會出現「如是我聞，一時，佛在舍衛國祇樹給孤獨園，與大比丘眾千二百五十人俱」之類的敘述。古德稱之為六種成就，即信成就、聞成就、時成就、主成就、處成就、眾成就，是講述這部經典的因緣、時間、教主、場所、聽眾，以此說明此經的真實性。因為不同經典的宣講地點、聽眾等有所不同，所以，通序雖然模式相同，但內容未必一致。

這裡先簡單介紹一下《金剛經》的通序。

如是我聞，一時，佛在舍衛國祇樹給孤獨園，與大比丘眾千二百五十人俱。（第一　法會因由分）

「如是」，簡單地說就是「如此」，這裡指《金剛經》。「我聞」的「我」，是指阿難尊者。佛經並不是佛陀撰寫的，而是由他親自宣講後，弟子們口耳相傳地加以傳播。佛陀滅度後，為了讓佛所說的法準確無誤地傳承下來，弟子們舉行了結集大會。由常隨佛陀左右並有「多聞第一」美譽的阿難尊者，將他聽聞的法義背誦出來，經過五百阿羅漢的印證，然後記錄成文，成為流傳於世的經典。「如是我聞」就是以阿難尊者的口氣說：「我是這樣聽說的。」

這樣的開篇並不是阿難尊者決定的，而是佛陀的遺教。《大般涅槃經後分．遺教品》記載，佛陀將入滅時曾囑咐阿難尊者：「如來滅後結集法藏，一切經初當安『如是我聞，一時，佛住某方、某處，與諸四眾而說是經』。」

「一時」，有些經典也稱「爾時」，指那個時候。這一方面是因為印度人不太重視時間概念，另一方面也因為佛法真理超越時間，且適用於任何時空，以此顯示真理的普世性和永恆性。

「佛」，指本師釋迦牟尼佛，也是本經的主講者。

「舍衛國」，這是本經的宣講地點。舍衛國，本名拘薩羅，舍衛是都城，此處是以首都代國名。其位置在今印度西北部拉布提河南岸。佛陀在世時，波斯匿王統治此國。據記載，佛陀前後在此居住二十五年，較其他諸國更久。

「祇樹給孤獨園」，是佛陀最早的精舍，由祇陀太子和給孤獨長者共同供養。佛典記載，給孤獨長者對佛法生起信心後，希望為佛陀建造精舍，弘傳正法。經多方選擇比較，他看中了祇陀太子的私人園林。祇陀太子並不願意出讓園林，但礙於給孤獨長者的威望，就戲言稱：除非用黃金鋪地，我才可以把園林賣給你。想不到給孤獨長者當即應允，命人抬來黃金。祇陀太子被給孤獨長者的誠意所感，也發心共襄盛舉，將園中樹木作為他自己對佛陀的供養。因為這個緣起，所以此園被稱為「祇樹給孤獨園」。佛陀一生中，曾多次在此說法度眾。

「與大比丘眾千二百五十人俱」，這是說法的聽眾，也是佛陀的常隨眾，經常跟隨佛陀在恆河兩岸遊行、聞法。除大比丘眾，應該還有沙彌或居士，但因四眾以大比丘為首，故以此為代表。以上為證信序。所謂證信，就是通過相關資訊說明這部經的可信度。

2・發起序

接著是本經的發起序，也稱別序。

爾時，世尊食時，著衣持鉢，入舍衛大城乞食。於其城中次第乞已，還至本處。飯食訖，收衣鉢，洗足已，敷座而坐。（第一　法會因由分）

在《大般若經》、《華嚴經》等諸多大乘經典中，佛陀演說大法前，往往會放光動地，示現種種不可思議的瑞相。而《金剛經》的開頭卻異常平實，這也體現了本經直接、樸實的修行特點。

「爾時，世尊食時。」食時，即到了吃飯的時間。佛世時，出家眾除了被信徒請去應供，平時都是乞食，佛陀也不例外。在南傳佛教地區，至今仍保留這一傳統。每天到了食時，出家眾就到寺外乞食，接受信眾供養並為其祝福。

「著衣。」這裡的衣特指僧伽黎，也稱大衣。比丘有三衣，其中五條衣是雜作衣，七條衣是入眾衣，大衣是在說法、乞食等重要場合穿的。對原始僧團的出家眾來說，乞食是一件莊嚴而隆重的事，屬於重要的修行內容。出家眾通過乞食滋養色身的同時，也給信眾培植福田的機會。所以必須穿上僧伽黎，具足威儀，使未信者生起信心，已信者堅固信心。

「持缽。」缽是出家眾乞食專用的盛器，也是餐具，為比丘必備的六物之一。在原始僧團中，比丘必須具備三衣、缽、濾水囊、坐具六種物品，才能在僧團如法生活。乞食本身就是修行，所以缽不能隨便拎著，而要恭恭敬敬地捧在手中。正因為如此，乞食也稱「托缽」。

「入舍衛大城乞食。」世尊搭衣持缽，進入舍衛城乞食。關於乞食，《法集經》記載了三種意義。一是不貪珍味，美惡均等；二是為破我慢，於富貴貧賤等家皆無揀擇；三是慈悲平等，大作利益。

「於其城中次第乞已。」出家眾乞食是有規範的，不能嫌貧愛富，挑三揀四，要以平等心待之，依次而乞。而且以七家為上限，只要走過七家，哪怕沒乞到任何食物，也不能再繼續了。《薩婆多毗尼毗婆沙》曰：「次第到七家，得食則食，不得亦止。」

「還至本處。」乞食後，將得到的食物托回祇樹給孤獨園。因為吃飯是修行的一部分，所以要安坐下來，有威儀、有覺知地進食，而不是在外隨隨便便地吃。

「飯食訖，收衣缽。」用餐後，將缽洗淨晾乾，並將僧伽黎收起。

「洗足已。」印度出家人是赤足而行，所以準備上座前要清洗雙足。至今，很多南傳僧人在托缽時依然保留赤足的傳統。

「敷座而坐。」然後鋪設座位，跏趺而坐。當時的出家人都是席地而坐，但可以墊些草，然後鋪上一塊布。這塊布也叫坐具、尼師壇，屬於比丘六物之一，其做法和尺寸都是有定量的。

這一段名為「法會因由分」。其中，佛陀為我們示現了一個普通出家人的生活。因為《金剛經》是破一切相的，所以佛陀沒有放光動地，沒有示現種種不可思議的境界，而是從日常生活的一幕開始。其中也包含著修行的常道，「著衣持缽，入舍衛大城乞食」，體現戒；「洗足已，敷座而坐」，蘊藏定；以平等心次第乞食，保持正念，包含慧。

修行不只是誦經、拜佛等特定的宗教形式，其中最關鍵的，在於見地和用心。見地，是通過聞思經教確立正見；用心，則是在做每件事的時候保持正念。如果具備正見和正念，不論做什麼都可以是修行，也就是禪宗所說的「搬柴運水，好用工夫」。反之，如果不具正見，缺乏正念，即使在誦經拜佛，也不過是得些人天福報，卻離道遠矣。正如五祖當年對弟子們教誨說：「世人生死事大，汝等終日只求福田，不求出離生死苦海。自性若迷，福何可救？」

七、發菩提心——勝義菩提心

《金剛經》屬於大乘經典。簡別大乘和二乘的根本，就是菩提心。如果發起菩提心，受持五戒也是菩薩道修行的組成部分。如果不具備菩提心，哪怕修習大乘法門，也不屬於菩薩道的修行。

菩提心，有世俗菩提心和勝義菩提心之分。世俗菩提心，包括願菩提心和行菩提心。當我們在內心生起「我要利益一切眾生，要成就無上菩提」的願望，並在三寶前把這一願望確定下來，就具備了願菩提心。進一步，就可以受菩薩戒，按菩薩的行為標準來做，即行菩提心。但作為凡夫，我們的心行是有漏而染汙的，哪怕在利他的願望和行動中，也會有各種雜質。這就需要通過空性見不斷提純，最終昇華為勝義菩提心。

《金剛經》從發菩提心開始，但起點很高，直接指向空性的修行。所以，本經開篇所提出的，是如何發起勝義菩提心，而非世俗菩提心。

1・提出問題

時，長老須菩提在大眾中，即從座起，偏袒右肩，右膝著地，合掌恭敬而白佛言：稀有！世尊！如來善護念諸菩薩，善付囑諸菩薩。世尊！善男子、善女人，發阿耨多羅三藐三菩提心，應云何住，云何降伏其心？

佛言：善哉，善哉。須菩提！如汝所說，如來善護念諸菩薩，善付囑諸菩薩。汝今諦聽！當為汝說。善男子、善女人，發阿耨多羅三藐三菩提心，應如是住，如是降伏其心。

唯然，世尊！願樂欲聞。（第二　善現啟請分）

這一段為「善現啟請分」，由本經當機者須菩提尊者向佛陀請求開示。須菩提尊者為佛陀十大弟子之一，因為對空性有甚深領悟，被後人尊為「解空第一」。《金剛經》講述的是空性妙義，故由須菩提代表大眾向佛陀請法。此外，般若經典中也常以舍利弗尊者為當機者，他是佛陀弟子中的「智慧第一」。

「時，長老須菩提在大眾中，即從座起。」長老，僧團對德高臘長者的尊稱。此時，須菩提長老在大眾中，從座位上站起身來。

「偏袒右肩，右膝著地，合掌恭敬而白佛言。」這是說明請法時的威儀。偏袒，是在搭衣時露出右肩和右臂，以示尊敬，這一傳統在南傳佛教地區保持至今。右膝著地，是跪坐的姿勢。然後雙手合十，以恭敬心向佛陀請法。

「稀有！世尊！如來善護念諸菩薩，善付囑諸菩薩。」稀有，讚歎世尊成就的種種功德稀有難得，不可思議。世尊，佛陀十大名號之一，意為佛具萬德，為世人所尊。如來，亦為佛陀十號之一，意為乘真如之道而成正覺。護念，即愛護、攝受。因為菩薩行佛事業，弘法度眾，所以佛陀對他們善加攝受。付囑，即叮嚀、教誡。須菩提尊者對佛陀讚歎說：真是太稀有了，世尊！如來特別愛護發菩提心的菩薩道行者，善用各種方便善巧，對他們加以開導和教誡。這是須菩提對如來的讚歎。

世間的父母對兒女也愛護有加，但因為智慧不夠，未必能給予他們有效引導。正相反，往往還出於所謂的「愛」，將兒女引上錯誤的人生道路。而佛陀是一切智者，具有圓滿的智慧和慈悲，把眾生當作獨生愛子般殷殷護念，諄諄付囑。這種關愛是以智慧為基礎的，善巧且沒有副作用，所以稱為善護念、善付囑。

「世尊！善男子、善女人，發阿耨多羅三藐三菩提心，應云何住，云何降伏其心？」阿耨多羅三藐三菩提是梵語，意為無上正等正覺，即成佛的覺悟。讚歎後，須菩提向世尊請示說：這些菩薩道上的行者們，當他們發起阿耨多羅三藐三菩提心，應該如何安頓自己的身心，如何降伏內在的煩惱？這裡的「應云何住」，指的是正住，即住於善所緣，而不是像凡夫那樣住於五欲六塵，或像聲聞那樣住於偏空的涅槃。至於降伏其心，則是解決內外干擾，不被境界所轉，也不被寂滅為樂的自了心態所阻礙。

這兩個問題非常關鍵。整部《金剛經》都在教導我們，如何以般若法門安頓身心，降伏煩惱。事實上，佛陀的所有言教都是從各種角度回答這兩個問題。當然，不同經教的立足點和解決方法有所區別。我們現在學習《金剛經》，就要了解本經是如何解答這兩個問題的。

「佛言：善哉，善哉。須菩提！如汝所說，如來善護念諸菩薩，善付囑諸菩薩。」佛陀聽了須菩提的問題後，對他表示鼓勵說：這些問題問得好啊！須菩提，正如你所說的那樣，如來時常護念這些菩薩行者，也時常教誡他們，應該如何解決這兩個問題。

「汝今諦聽！當為汝說。」你現在要認真聽聞，我將為你開示其中原理。諦聽，是帶著聞法意樂，專注、用心地聽聞。在這裡，佛陀不只是讓須菩提諦聽，也是讓在座的千二百五十人，乃至後世所有學佛者諦聽。

「善男子、善女人，發阿耨多羅三藐三菩提心，應如是住，如是降伏其心。」如果善男子、善女人發起菩提心之後，應該這樣安住，這樣降伏其心。關於這兩個「如是」，將在下面詳細解說。

「唯然，世尊！願樂欲聞。」須菩提尊者回應說：好啊，世尊！我們非常願意聆聽您的開示。

2．如何發菩提心

佛告須菩提：諸菩薩摩訶薩應如是降伏其心！所有一切眾生之類，若卵生，若胎生，若濕生，若化生；若有色，若無色；若有想，若無想，若非有想非無想，我皆令入無餘涅槃而滅度之。如是滅度無量無數無邊眾生，實無眾生得滅度者。何以故？須菩提！若菩薩有我相、人相、眾生相、壽者相，即非菩薩。（第三　大乘正宗分）

這一段為「大乘正宗分」，佛陀為須菩提解說關於發心的問題。

「佛告須菩提：諸菩薩摩訶薩應如是降伏其心！」摩訶薩，是大的意思，也就是說，佛陀此時的開示是針對大菩薩而非普通的初發心菩薩。佛陀對須菩提說：作為已經發菩提心的大菩薩們，應該這樣降伏自己的心。正因為《金剛經》化導的對象是諸大菩薩，所以才能直接從勝義菩提心開始。

「所有一切眾生之類，若卵生，若胎生，若濕生，若化生。」這是說明菩提心的廣大——以救度一切眾生為所緣，無一例外。為了強調這一點，佛陀特別對「所有眾生」作了說明。從受生方式而言，包括胎生、卵生、濕生、化生。胎生，通過母胎孕育而出生，如人類和一切哺乳動物；卵生，由卵孵化而出，如禽類等；濕生，依託濕氣而生，如蚊子等；化生，由業力變化而來，不依賴父精母血或其他物質，如諸天或地獄眾生等。

「若有色，若無色。」有色，指欲界和色界的眾生，有色身存在；無色，指無色界的眾生，只有識而沒有色身存在。有色和無色，包括了三界所有眾生。

「若有想，若無想，若非有想非無想。」有想，指具有認識、意志、思考等意識作用的有情，又指有想天。無想，指入無想定的眾生。非有想非無想，指入非想非非想處定的眾生，既不是有想，也不是無想，更為寂靜微妙，為四禪八定的最高境界。這也是對三界眾生的概括方式。

「我皆令入無餘涅槃而滅度之。」涅槃，為息滅義，即息滅迷惑和煩惱。對於以上所有眾生，我都發願幫助他們證悟無餘涅槃，以此救度他們，令他們解脫輪迴。菩薩對眾生的救度，不僅是給予他們世間利益，更要引導他們徹底平息生命內在的迷惑和煩惱，這才是最究竟的救度。

「如是滅度無量無數無邊眾生，實無眾生得滅度者。」菩薩雖然救度了無量眾生，但在他的心目中，並不覺得有眾生可度。反過來說，在不覺得有眾生可度的同時，又在鍥而不捨地度化無量眾生。這在常人看來有些不可思議，但恰恰是佛菩薩的境界。應該怎麼理解呢？在世俗諦的層面，確實有眾生可度，就像我們平時以為的，自己幫助了誰，利益了誰。但在勝義諦的層面，佛菩薩已證悟眾生的本質都是空性，所謂「心、佛、眾生三無差別」，所以不覺得有什麼眾生可度。

「何以故？須菩提！若菩薩有我相、人相、眾生相、壽者相，即非菩薩。」佛陀知道這個說法很難讓人接受，所以進一步加以解讀：為什麼這樣說？須菩提，如果菩薩在度化眾生的過程中，覺得有一個「我」在度眾生，或是覺得有「眾生」可度，就不是合格的菩薩。因為菩薩已證悟空性，知道沒有實在的我，也沒有實在的眾生。雖然知道這一切了不可得，但眾生當下確實在痛苦中，因為悲心使然，菩薩還是會不遺餘力地救度他們。

這裡所說的我相、人相、眾生相、壽者相是《金剛經》反覆出現的一組概念，亦稱四相，是生命形態的不同顯現。我相，執著色受想行識五蘊為我，認為有實在的我；人相，於五蘊身心中生起執著，認為有實在的人，並對此起貪起嗔；眾生相，對三界六道的種種生命形態生起執著，認為有實在的眾生；壽者相，對生命的相續生起執著。

總之，我相、人相、眾生相、壽者相，都是因緣和合的假相，其中並沒有所謂的「我」，沒有差別相，也沒有生滅相。如果將四相執以為真實，就會有分別，有取捨，就不能平等對待一切有情，也就不是菩薩的境界了。

在無著菩薩造頌、世親菩薩注釋的《能斷金剛般若波羅蜜多經論釋》中，將勝義菩提心歸納為四個特徵：一是**廣大**，以度化一切眾生為對象；二是**最勝**，這種幫助不是暫時的，而要令一切眾生入無餘涅槃；三是**至極**，菩薩雖然滅度無量眾生，但並不覺得有眾生可度，因為他們已將眾生和自己視為一體；四是**無顛倒**，在度眾生的過程中，不起我相、人相、眾生相、壽者相，完全是在悲心驅動下利他，其中沒有任何我執。

八、無我度生

菩薩行者的核心任務，是幫助一切眾生破迷開悟，解除煩惱，最終入無餘涅槃。在此過程中，自己首先要成就解脫。否則，即使有心利他，也是無能為力的，是為「泥菩薩過河，自身難保」。

前面說到，如果菩薩有我、人、眾生、壽者四相，就不是合格的菩薩。其實，不僅菩薩行者要斷除四相，聲聞行者也不例外，否則就無法解脫。如果說解脫是三乘修行的共同目標，那麼，證悟無我則是解脫的核心任務。

因為我執是凡夫人格的所依，也是生死輪迴的根本。有我執，才有煩惱，才會造業，進而流轉生死。只要這個「我」還在，不論做多少善行，修什麼法門，都是不能解脫的。

在「諸行無常，諸法無我，涅槃寂靜」三法印中，無我才是佛法有別於其他一切宗教、哲學的不共所在。因為涅槃是印度很多宗教共許的，只是和佛法的內涵有所不同。至於無常，認同範圍更為廣泛。除了宗教和哲學，科學發現也在不斷印證這一規律。但唯有佛法提出「無我」，而其他宗教或相信靈魂，或認可神我，或信仰上帝，不論表現形式如何，都是有我而非無我的。

那麼，《金剛經》是怎樣講述無我的呢？

1．無我度化眾生

> 須菩提！菩薩亦如是。若作是言：我當滅度無量眾生，則不名菩薩。何以故？須菩提！實無有法名為菩薩。是故佛說：一切法無我，無人，無眾生，無壽者。須菩提！若菩薩作是言：我當莊嚴佛土，是不名菩薩。何以故？如來說莊嚴佛土者，即非莊嚴，是名莊嚴。須菩提！若菩薩通達無我法者，如來說名真是菩薩。（第十七　究竟無我分）

以上引文出自「究竟無我分」。在此分的開始，須菩提再次提出了開篇那個問題，即「云何應住，云何降伏其心」。關於此，佛陀的回答是——「實無有法，發阿耨多羅三藐三菩提者」，並反覆強調了這個回答。所以此分名為「究竟無我分」。進一步說明，通達無我才是檢驗菩薩真偽的標準。

「須菩提！菩薩亦如是。若作是言：我當滅度無量眾生，則不名菩薩。」在這段開示前，佛陀說到「所言一切法者，即非一切法，是故名一切法」，接著告誡須菩提說：菩薩也是這樣的，如果說什麼「我要滅度無量無邊的眾生」，就不能稱為合格的菩薩。因為有這樣一種認識，就說明他尚未擺脫我執，才會覺得是「我」在度化眾生，也覺得有眾生可以被「我」度化。當然在世俗意義上，的確有菩薩在度眾，也有眾生可度。但在究竟意義上，菩薩和眾生都是因緣假相，其本質都是空性。在空性層面，菩薩和眾生是同體的，無二無別，沒有能度，也沒有所度。

「何以故？須菩提！實無有法名為菩薩。」為什麼這樣說呢？因為並沒有什麼法叫作「菩薩」。從空性而言，菩薩也是假名安立的。就像世間的各種身分，只是因緣和合的現象，並非固定不變的存在。

「是故佛說：一切法無我，無人，無眾生，無壽者。」所以佛陀說，一切法其實都沒有我相，沒有人相，沒有眾生相，也沒有壽者相。從世俗諦看，大千世界乃至芸芸眾生都是有的。但在空性層面，這些差別相只是幻影，了不可得。

「須菩提！若菩薩作是言：我當莊嚴佛土，是不名菩薩。」佛陀接著對須菩提開示說：如果菩薩說什麼「我要莊嚴佛土」，就不能稱為合格的菩薩。因為菩薩莊嚴佛土只是從慈悲心出發，是自然而然的擔當，其中沒有我，也沒有我所。如果覺得有個「我」在莊嚴佛土，或是覺得有個佛土被「我」莊嚴，就陷入了我法二執，最多只是人天善法，並不是菩薩的境界。

「何以故，如來說莊嚴佛土者，即非莊嚴，是名莊嚴。」為什麼這麼說？如來所說的莊嚴佛土，本身就是因緣和合的假相，不過是安立了「莊嚴佛土」這個名稱而已。

「須菩提！若菩薩通達無我法者，如來說名真是菩薩。」須菩提！只有當菩薩通達了無我法，成就了無所得的智慧，了悟到佛土的本質是空性，乃至萬法的本質都是空性，不覺得有我在莊嚴佛土，或是有佛土被我莊嚴，如來才會認為，這是合格的菩薩。因為沒有執著，才不會有好惡分別，有親疏取捨，這是菩薩和凡夫的根本區別所在。

須菩提！於意云何，汝等勿謂如來作是念，我當度眾生。須菩提！莫作是念，何以故？實無有眾生如來度者。若有眾生如來度者，如來則有我、人、眾生、壽者。須菩提！如來說有我者，則非有我，而凡夫之人以為有我。（第二十五　化無所化分）

以上內容出自「化無所化分」，進一步說明，在如來的境界中，其實並沒有什麼眾生可度。雖然如此，他依然殷勤地度化眾生，毫無疲厭。作為凡夫，我們的行為總是偏於一邊。在莊嚴佛土時，或落入常見，認為有實實在在的佛土可以莊嚴，從而被境界所轉；或落入斷見，認為既然沒有什麼佛土可莊嚴，就不需要做利他事業了。而菩薩既不落於常見，又不落於斷見。在莊嚴佛土的同時，了知佛土的本質是空；在度化眾生的同時，了知眾生的本質是空。雖然了知佛土和眾生的空性本質，又能了知一切緣起的顯現。看到眾生在輪迴中痛苦掙扎，不是漠然以對，而是在悲心驅動下廣泛度化眾生，不捨一人。

「須菩提！於意云何，汝等勿謂如來作是念，我當度眾生。須菩提！莫作是念。」佛陀問須菩提：你是怎麼看待如來度化眾生這個問題的呢？接著開示說：你們不要覺得，如來會這樣想：我要度化眾生。如果有這樣的想法，就是執著有真實的我，也有真實的眾生可度，並不是如來的境界。所以佛陀再次強調說：你們不要有這樣的想法。

「何以故？實無有眾生如來度者。」為什麼不能這麼想呢？因為在如來的境界中，並沒有所謂的眾生，自然也就沒有什麼眾生是如來度化的。菩薩既看到眾生的本質是空性，也看到眾生和自己本是一體。如果覺得在自己以外有真實的眾生可度，就是把自己和眾生對立起來。

「若有眾生如來度者，如來則有我、人、眾生、壽者。」如果覺得有什麼眾生是如來度化的，那就是有我相、人相、眾生相、壽者相。如果有我相乃至壽者相，就是凡夫而不是如來了。我們平時做利他的事，會覺得自己在幫助某些人，或覺得某些人受到自己的幫助，就會被四相困擾，拿不起也放不下。如來雖然在緣起層面看到眾生在輪迴中受苦，從而施以援手，救苦救難，但在空性層面，是不覺得有眾生可度的。

「如來說有我者，則非有我，而凡夫之人以為有我。」如來為佛陀自稱，但這只是一個假名安立的「我」。在緣起的層面，佛教並不否認這個生命現象的存在，也會運用「我」或「眾生」等概念來說法。事實上，每個生命的存在，都可以說是「我」的表現形式，但這只是緣起假相。如來所說的「我」，並不是真有那麼一個獨立存在、固定不變且可以主宰的「我」。凡夫因為不了解真相，總是誤以為其中有一個「我」。在《唯識三十論》中，開篇就是「由假說我法」，告訴我們，聖教所說的「我」，只是說法的方便；而凡夫認為的「我」，是一種迷妄的錯誤執著。二者是完全不同的。

2．無我修習忍辱波羅蜜

須菩提！忍辱波羅蜜，如來說非忍辱波羅蜜。何以故？須菩提！如我昔為歌利王割截身體，我於爾時，無我相，無人相，無眾生相，無壽者相。何以故？我於往昔節節支解時，若有我相、人相、眾生相、壽者相，應生嗔恨。須菩提！又念過去於五百世作忍辱仙人，於爾所世，無我相，無人相，無眾生相，無壽者相。（第十四　離相寂滅分）

在「離相寂滅分」這段經文中，佛陀以自己過去生中修習忍辱波羅蜜的經歷說明，唯有無我，才能成就忍辱的修行。

「須菩提！忍辱波羅蜜，如來說非忍辱波羅蜜。何以故？」忍辱波羅蜜，為菩薩道六個主要修行項目之一，其他五項分別是布施、持戒、精進、禪定、般若，又稱六度、六波羅蜜。佛陀告誡須菩提說：即使對忍辱這樣艱難而充滿考驗的修行，如來同樣認為，並沒有什麼是忍辱波羅蜜。為什麼這麼說？因為忍辱的本質也是空性。能忍的人，所忍的事，都是因緣假相，是了不可得的。如果覺得有什麼需要忍受，就像世人為了某種目的而隱忍那樣，什麼「忍是心頭一把刀」，什麼「小不忍則亂大謀」，並不是佛法的修行，更不是菩薩的境界。那種忍只是壓抑或委曲求全，往往會帶來各種副作用，並在忍到一定限度後集中爆發。

「須菩提！如我昔為歌利王割截身體，我於爾時，無我相，無人相，無眾生相，無壽者相。」接著，佛陀以自己過去生的經歷，向須菩提開示佛教中忍辱波羅蜜的修行。佛本生故事記載，佛陀因地曾為忍辱仙人，在山林修道。某日，歌利王帶著大隊人馬進山打獵，還有很多後妃和宮女跟隨。午後，歌利王因打獵疲累而睡著了，醒來發現，他的後妃宮女都圍繞在忍辱仙人身邊聽法。歌利王質問仙人說：「你證悟了什麼果位？」仙人說沒有。歌利王又問：「既然你沒有證果，看到這麼多美女是否動心？」仙人也說沒有。歌利王覺得他在撒謊，大為震怒，用劍依次砍下忍辱仙人的手腳。面對如此殘酷的暴君，忍辱仙人並沒有心生嗔恨。之所以能這樣，因為忍辱仙人已經斷除了我相、人相、眾生相、壽者相。

「何以故？我於往昔節節支解時，若有我相、人相、眾生相、壽者相，應生嗔恨。」為什麼說忍辱仙人已經沒有我相乃至壽者相呢？道理很明顯，當他被節節支解時，如果還有我相、人相、眾生相、壽者相，必然會心生嗔恨。就像凡夫那樣，不必說節節支解，哪怕毫髮無損，只是被人罵了一聲，說了一句，也會懷恨在心，充滿怨懟，久久不能釋懷。正因為忍辱仙人已經證悟無我，不再執著這個色身為「我」，所以才能在面對如此巨大的考驗時，安然接納，不為所動。

「須菩提！又念過去於五百世作忍辱仙人，於爾所世，無我相，無人相，無眾生相，無壽者相。」佛陀繼續對須菩提開示說：我還想到自己在過去五百生中，都曾作為忍辱仙人修行。在那時候，我已經沒有我相乃至壽者相，所以才能圓滿忍辱波羅蜜。所以說，真正的忍辱是「忍無可忍」。這不是說，忍到極致已經沒辦法再忍了。而是因為看清諸法實相，發現一切了不可得，根本沒什麼需要忍受的。換言之，只要覺得有個「我」在忍，或有件事需要忍，就沒有圓滿忍辱的修行，也不是忍辱波羅蜜。

3．通達無我不受福德

須菩提！若菩薩以滿恆河沙等世界七寶持用布施，若復有人知一切法無我，得成於忍，此菩薩勝前菩薩所得功德。須菩提！以諸菩薩不受福德故。

須菩提白佛言：世尊！云何菩薩不受福德？

須菩提！菩薩所作福德不應貪著，是故說不受福德。（第二十八　不受不貪分）

在〈不受不貪分〉中，佛陀通過校量，也就是比較的方式，為我們說明了無我的功德。

「須菩提！若菩薩以滿恆河沙等世界七寶持用布施，若復有人知一切法無我，得成於忍，此菩薩勝前菩薩所得功德。」這一部分是以布施功德和通達無我進行校量。我們知道布施會招感無量福德，而且這裡所說的不是普通布施，是以充滿恆河沙數世界那麼多的七寶用來布施，其福德之大，實在難以想像。但即使這樣，只要有人了知一切法無我，安住於此，那麼成就這一智慧獲得的功德，將超過以恆河沙等世界七寶布施的福德。這裡所說的「忍」，即成就法空的智慧。因為七寶布施的福德再大再多，終歸是有漏、有限的，而成就空性慧將究竟解除生命中的迷惑煩惱，這是任何外在福報不能比擬的。用現在的話說，二者根本就不具有可比性。

「須菩提！以諸菩薩不受福德故。」為什麼了知一切法無我的功德有這麼大？佛陀告訴須菩提說：那是因為菩薩已經證悟空性，所以不貪著任何福德。無論世間還是出世間的一切，菩薩都視如浮雲。因為不貪著，就不會有任何掛礙，從而成就廣大無邊的功德。而凡夫心的特點是有所得。有得，則必然有限，也必然有失。

「須菩提白佛言：世尊！云何菩薩不受福德？」須菩提向佛陀請教說：為什麼菩薩能不貪著福德呢？

「須菩提！菩薩所作福德不應貪著，是故說不受福德。」佛陀告訴須菩提說：菩薩已經了解到貪著的過患，不論對善行招感的榮華富貴，還是對禪定成就的微妙禪悅，都能不為所動。更關鍵的是，菩薩已經證悟空性慧，所以具備不貪著的能力。這裡的不受，並非不擁有或不受用，而是不貪著。就像《維摩詰所說經》中，維摩居士「雖處居家，不著三界；示有妻子，常修梵行；現有眷屬，常樂遠離；雖服寶飾，而以相好嚴身；雖復飲食，而以禪悅為味」。也就是說，不能從擁有什麼來判斷受還是不受。

從以上引文可以看到，《金剛經》反覆提及四相，告誡我們要「無我相，無人相，無眾生相，無壽者相」。其實，四相都是我相的不同表現方式。凡夫之所以為凡夫，就是將身心內外的種種執以為「我」。其實除了因緣和合的假相，哪有什麼獨存、不變、可以主宰的「我」呢？乃至大千世界的一切，都是緣生緣滅的，不具有固定不變的自性。

眾生因為缺乏緣起的智慧，所以會在身心生起我執，在緣起現象生起法執，進而把自己和世界捆綁起來，為此歡喜為此憂。《三主要道頌》中，將我執比喻為鐵網——「難阻業繩緊密系，投入我執鐵網孔」。其實，並不是誰把我們綁在輪迴中，捆綁我們的，正是自己的無明和執著。

因為無明，所以看不清生命和世界的真相，由此造業流轉。在輪迴的瀑流中，我們總是被挾持著，身不由己。佛法反覆強調的無我，就是幫助我們解除捆綁，成就解脫，進而廣泛利益眾生。因為凡夫處處以自我為中心，處處想到自己的利益。面對他人時，或是有好惡親疏的分別，或是有患得患失的考量，結果把自己越綁越緊。唯有證悟無我，才能破除自己和眾生的對立，這也是利益眾生必須具備的認知。

九、布施波羅蜜——無相布施

布施，是佛法和世間的共法，也是各種宗教所提倡的。就佛法修行來說，人天善法提倡布施，聲聞解脫道提倡布施，大乘菩薩道更提倡布施。在菩薩所行的六度和四攝中，都是以布施為首。

《金剛經》在講述發菩提心後，也說到了布施，包括財施、法施和無畏施三種。所謂財施，又有外財和內財兩方面。外財，即常見的施捨財物，如社會上的捐錢捐物，就屬於外財布施；內財，則是為他人提供服務，甚至布施身體，如做義工或捐贈器官等。所謂法施，則是以知識技能幫助他人，令其掌握生存或發展之道。而最究竟的，是以佛法利益眾生。所謂無畏施，就是消除眾生的危難和恐懼，如放生、受持不殺生戒等。

從個人修行來說，布施是破除慳貪的有效途徑。因為貪是凡夫的本能，貪名利，貪感情，貪覺受，貪世間……總之，貪著身心內外的一切，只是對象和程度有所不同罷了。這種貪是有黏性的，如果不能放下，就會不斷為其所擾。現在流行的「斷捨離」也是這個原理，通過捨棄各種用品來擺脫對物欲的迷戀。所以說，真正需要捨棄的不是某樣物品，也不是某個人或某件事，而是貪著本身。說到這裡，有人可能會擔心：捨棄貪著是讓我們一無所有嗎？那還怎麼生存呢？其實不然。捨棄貪著只是讓我們不被世間一切所困擾，你依然可以擁有，但沒有貪戀，沒有不捨，也沒有任何擁有帶來的副作用。

從利益眾生來說，通過財布施，可以解除眾生的現實困難；通過法布施，可以引導眾生走向覺醒；通過無畏施，可以讓眾生身心安樂，無有恐懼。無論哪一種，都能和眾生廣結善緣。對於這個自利利他的重要項目，佛陀在《金剛經》中是怎麼講述，又是怎麼引導我們修習的呢？

> 須菩提！菩薩於法，應無所住行於布施，所謂不住色布施，不住聲香味觸法布施。須菩提！菩薩應如是布施，不住於相。何以故？若菩薩不住相布施，其福德不可思量。
>
> 須菩提！於意云何？東方虛空可思量不？
>
> 不也，世尊！
>
> 須菩提！南西北方、四維上下虛空可思量不？
>
> 不也，世尊！
>
> 須菩提！菩薩無住相布施，福德亦復如是不可思量。須菩提！菩薩但應如所教住。（第四　妙行無住分）

《金剛經》第四分為「妙行無住分」，反覆提醒我們，在修習菩薩道的過程中，應該不住於相。

「須菩提！菩薩於法，應無所住行於布施。」佛陀對須菩提說：菩薩在修習布施時，不論行財布施、法布施還是無畏施，都要心無所住。這是相對凡夫有所住的布施而言。凡夫在布施時，首先是住於我相，帶著我執我見而修布施，覺得我在施捨你，幫助你；其次是住於受施對象，在意接受布施者和我有什麼關係；第三是住於所施物品，在意物品的貴賤好壞，總惦記著自己給了些什麼。因為這些執著，布施時就會患得患失，或是有高高在上的優越感，或是希望布施後得到某種回報，由此發展出貪、嗔、痴、慢、疑等種種煩惱。

「所謂不住色布施，不住聲香味觸法布施。」怎樣才是不住相布施？這就必須具備空性智慧，了知色、聲、香、味、觸、法六塵都是因緣假相。只有了知其本質，才不會有這樣那樣的掛礙，不會以施主自居，覺得自己付出了多少，有多麼了不起。

「須菩提！菩薩應如是布施，不住於相。」佛陀對須菩提說：菩薩應該這樣不住相布施——不住於我相，不住於眾生相，也不住於五欲六塵之相。純粹是出於慈悲，只要眾生需要，就毫不吝惜地給予。同時，這種慈悲是建立在空性基礎上的。雖然看到眾生的痛苦，但了知痛苦的本質也是空性。既沒有施者、受者、所施物的分別，也不被眾生的痛苦所轉。否則往往會做得很苦惱，很無力。

「何以故？若菩薩不住相布施，其福德不可思量。」為什麼要這麼做呢？原因在於，如果菩薩能不住相布施，由此成就的功德福報是難以想像的。這並不是菩薩貪著功德，所以要找到一個功德最大化的方式來修，而是因為成佛需要圓滿福慧二資糧。菩薩「為利有情願成佛」，利他是為了眾生，成佛也是為了眾生。

「須菩提！於意云何？東方虛空可思量不？」因為不住相布施的福德之大難以想像，所以經中用比喻加以說明。佛陀問須菩提說：東方的虛空有多大，你可以想像得到嗎？

「不也，世尊！」須菩提回答說：世尊！虛空之大是無法想像的。因為虛空是無邊無際的，既然沒有邊際，又怎麼能想像得出它究竟有多大呢？

「須菩提！南西北方、四維上下虛空可思量不？」佛陀接著問須菩提：那麼，南方、西方、北方、東南、東北、西南、西北乃至上、下的虛空有多大，你可以想像嗎？

「不也，世尊！」須菩提回答說：世尊！這同樣是無法想像的。因為虛空無邊無際，不論怎麼想像，都是無法窮盡的。如果能夠窮盡，那就不是無限而是有限了。

「須菩提！菩薩無住相布施，福德亦復如是不可思量。」佛陀告訴須菩提說：如果菩薩能不住相布施，所獲得的功德福報之大，也和虛空一樣難以想像。原因是什麼呢？因為心的本質就是宇宙的本質，是無限的。但心有所住時，就會陷入對現象的執著。以有限之心而行布施，相應的，所成就的功德也是有限的。而菩薩心無所住時，就能擺脫二元對立，既不落入對我的執著，也不落入對法的執著，沒有施者、受者、所施物的區別，從而回歸無形無相、無邊無際的虛空狀態。以這樣的心布施，成就的功德才是無限的。就像任何一個數字乘以無窮大，結果都是無窮大。

「須菩提！菩薩但應如所教住。」最後，佛陀勸勉須菩提說：菩薩就應該這樣修習布施啊！所以關鍵不在於做了什麼，而在於以什麼樣的心來做。因為我們能做的事永遠是有限的，但發心可以是無限的。

《金剛經》是一部闡述空性的經典，佛陀所開示的，也是最高的無相布施。從中觀的二諦來說，是直接立足於勝義諦。講度眾生，要認識到沒有眾生可度；講修布施，也要認識到施者、受者、所施物了不可得。但不能因此偏空，覺得既然如此，做不做有什麼區別呢？那就落入斷見了，於人於己都沒有利益。菩薩雖然知道這一切了不可得，還是積極地廣行布施，有求必應。否則就無法利益眾生，也無法圓滿福慧資糧了。

十、佛陀的身相——無相可得

佛陀是佛教徒最為景仰的導師，也是我們的學習榜樣和禮敬對象。學佛，是以三寶為皈依處，通過聞思修，集資淨障，最終圓滿佛陀那樣的慈悲和智慧。三寶有住持三寶、化相三寶、理體三寶、自性三寶之分。通常所說的是住持三寶，即佛像、經書、現前僧伽。

這就涉及幾個問題：佛像能代表佛嗎？應該如何認識佛陀？當我們說到佛陀時，腦海中浮現的是什麼？雖然每個人心目中有不同的佛陀形象，但通常沒有離開佛陀的色身。就像我們平時說到某某人，腦海中就會出現他的形象。

我們知道，佛陀有三十二相、八十隨形好。所謂三十二相，就是最為莊嚴圓滿，讓人見之歡喜、心生景仰的外形特徵。其中每一種，都是積百種之福而感得。分別是：足安平，足千輻輪，手指纖長，手足柔軟，手足縵網，足跟圓滿，足趺高好，腨如鹿王，手長過膝，馬陰藏，身縱廣，毛孔青色，身毛上靡，身金光，常光一丈，皮膚細滑，七處平滿，兩腋滿，身如獅子，身端正，肩圓滿，口四十齒，齒白齊密，四牙白淨，頰車如師子，咽中津液得上味，廣長舌，梵音清遠，眼色紺青，睫如牛王，眉間白毫，頂成肉髻。八十隨形好也是說明佛陀身相的圓滿，具體內容可在佛學詞典中查閱。此外，佛典中還講到佛陀有三身四智，即法身、報身、化身和大圓鏡智、平等性智、妙觀察智、成所作智。

這些能不能代表佛陀的真身？對我們每個人來說，其中也蘊含著一個嚴肅的問題，那就是——我是誰？色身能代表我嗎？名字能代表我嗎？身分能代表我嗎？如果這些都不能代表的話，究竟什麼代表著我？可以說，這個問題包含了非常重要的修行內容。正確認識佛陀身相，同時也意味著認識自我，找到我的本來面目。

1．色相非真

須菩提！於意云何，可以身相見如來不？
不也，世尊！不可以身相得見如來。何以故？如來所說身相，即非身相。
佛告須菩提：凡所有相，皆是虛妄。若見諸相非相，即見如來。（第五　如理實見分）

第五分為「如理實見分」。如理是相對不如理而言，實見是相對於不實而言。怎樣才能如理如法地見到實相，見到佛陀的真身？

「須菩提！於意云何，可以身相見如來不？」佛陀問須菩提說：你覺得怎麼樣，可以通過身相見到如來嗎？這個身相是指如來的色身，是正與須菩提面對面並往來問答的色身。在一般人的觀念中，答案必然是肯定的。除此以外，難道還能以其他方式見如來嗎？即使在可以通過網路、視頻見面的今天，我們所說的見到，不還是這個眼耳鼻舌身的形象嗎？

「不也，世尊！不可以身相得見如來。」但須菩提完全明白佛陀在說什麼，所以他的回答是：不是的，世尊，不可以認為見到如來身相就等於見到如來。為什麼須菩提這麼回答呢？首先，他是證果的聖者，已經見到法身，知道那才是佛陀的真身。其次，他有過一次類似的經歷。當時佛陀上忉利天為母說法三個月，弟子們日夜想念，所以當佛陀返回人間時，都爭先恐後地前去迎接。其中有位蓮花色比丘尼，按戒律應該排在比丘們後面，但她神通廣大，化現為轉輪聖王，走在隊伍最前列。當她為率先見到佛陀而高興時，佛陀卻對她說：「第一個見到我的不是你，而是須菩提。」蓮花色環顧左右，並沒有發現須菩提的身影。這是怎麼回事呢？原來，須菩提尊者知道佛陀即將回到人間時，想到佛陀曾經說過，佛的真身是法身，所以就在林間入空性定，見到了佛陀的法身。基於這個認識，須菩提尊者非常肯定地回答了佛陀的提問。

「何以故？如來所說身相，即非身相。」須菩提尊者接著說明：為什麼這樣說呢？如來所說的外在色身，是有生有滅的因緣假相，並非如來的真身。如果這是如來的真身，那麼如來入滅後，不就不存在了嗎？所以，生滅變化的色身是不能真正代表如來的。

「佛告須菩提：凡所有相，皆是虛妄。若見諸相非相，即見如來。」佛陀對須菩提的回答給予肯定，告訴他說：凡是我們見到的一切相，都是因緣和合的顯現，是剎那生滅、虛妄不實的。只有透過這些相，看到它們的空性本質，才能真正見到如來的法身。這裡的非相，並不是說所有相不存在了，而是我們不再執著它為實有，為固定不變。換言之，世界還是那個世界，但我們眼中的世界改變了。我們不再被外相所迷惑，而是知道，無論它們怎麼變化，無論它們顯現為什麼，本質上都是空的，無自性的。

既然佛陀的色身都不能代表真正的佛身，佛像就更不能代表了。那我們是否不需要禮佛，不需要恭敬三寶呢？這就矯枉過正了。要知道，禮佛可以幫助我們修習恭敬，強化三寶在內心的分量和地位，起到見賢思齊的作用，是不可或缺的修行。但不能捨本逐末，執著佛像而忽略佛陀的真身。就像經典，本身是標月指，是引導我們看見月亮的途徑，但我們要見的是月亮，而不是手指。所以說，認識佛像的意義，了解佛陀的真身，可以幫助我們確立學佛的重點所在。

須菩提！於意云何，佛可以具足色身見不？

不也，世尊，如來不應以具足色身見。何以故？如來說具足色身，即非具足色身，是名具足色身。

須菩提！於意云何，如來可以具足諸相見不？

不也，世尊，如來不應以具足諸相見。何以故？如來說諸相具足，即非具足，是名諸相具足。

（第二十　離色離相分）

第二十分為「離色離相分」，同樣講到如來身相的問題。

「須菩提！於意云何，佛可以具足色身見不？」所謂具足色身，即佛陀成就的三十二相、八十隨形好。此處，佛陀再次問須菩提說：是否可以因為看到佛陀莊嚴圓滿、無與倫比的身相，就認為是見到佛陀了呢？很多人在學佛後，看到世間的虛妄和荒謬，卻把這份執著轉移到佛果功德上，認為這些是實有的。佛陀為了破除弟子們的執著，一而再再而三地加以提醒。

「不也，世尊！如來不應以具足色身見。」須菩提的回答很明確：不可以，世尊。因為相好莊嚴的色身，只是佛陀顯現的外在形象。雖然這些都是佛果功德的顯現，但只是顯現而已，並不等於佛陀的真身。如果執著這些顯現，就去道遠矣。

「何以故？如來說具足色身，即非具足色身，是名具足色身。」須菩提接著解釋：為什麼這麼說呢？如來所說的具足三十二相、八十隨形好，也是因緣和合的假相，其本質是空性，只是為了表達的方便，才稱之為「具足色身」。所以，不能認為見到三十二相的色身就等於見到如來。從另一個角度說，真正了解色身的無自性空，也就見到法身了。我們不必離開色身來見法身，但也不可執著於色身，否則就見不到法身了。正如永嘉禪師在《證道歌》中所說：「無明實性即佛性，幻化空身即法身。」色身的當下就是法身，二者是不即不離的。

「須菩提！於意云何，如來可以具足諸相見不？」這個問題和上面如出一轍，只是將「色身」換成了「諸相」，包括佛陀的萬億化身。佛陀又問須菩提說：你認為怎麼樣，可以因為見到如來這樣那樣的化現，就等於見到如來了嗎？

「不也，世尊！如來不應以具足諸相見。」須菩提還是肯定地回答：不可以，世尊。雖然如來有千百億化身，但他的真身是超越一切相的。如果執著於種種外在形象，不論哪一種，都會以偏概全，是見不到如來真身的。

「何以故？如來說諸相具足，即非具足，是名諸相具足。」為什麼這樣說呢？如來所說的諸相具足的色身，只是眾緣和合的假相而已，是無自性空的，並不是如來的真身。只是為了表達的方便，名之為諸相具足而已。

在這番問答中，兩次出現了《金剛經》特有的三句式，告訴我們：佛的法身是建立在空性上，不能依外在顯現來按圖索驥，那是找不到的。同時也告訴我們：色身的本質就是法身。如果認識到色身的無自性空，不於色身生起執著，不被境轉，而能以空性慧觀照，那麼在色身的當下也能體認法身。

2・有相之身不為大

須菩提！譬如有人身如須彌山王，於意云何，是身為大不？須菩提言：甚大，世尊！何以故？佛說非身，是名大身。（第十　莊嚴淨土分）

這段內容出自本經「莊嚴淨土分」，說明有相之身不為大，無相之身乃為大。

「須菩提！譬如有人身如須彌山王，於意云何，是身為大不？」須彌山，又稱妙高山，佛教認為它是我們這個娑婆世界的中心，也是世上最高最大的山。佛陀問須菩提：假如有人身體像須彌山那麼大，你覺得如何，這樣的身體是不是很大？

「須菩提言：甚大，世尊！何以故？佛說非身，是名大身。」須菩提回答說：世尊，那真是高哉偉哉，奇大無比。為什麼這樣說呢？因為世尊曾經說過，超越有相的身體，才是真正的廣大身。這裡所說的「非」就是空，當我們了解身體的本質是無自性空，依空性而顯現，它才是不可限量的。反之，如果我們執著這個色身是有相的，即便再大，都是有限的。

因為大和小是相對的。地球大不大？太陽系大不大？銀河系大不大？當然都很大。但即使是銀河系，在整個宇宙中也是微不足道的。只要有形有相，再大也是有限的。唯有無相的法身才是真正的大。事實上，都不能用「大」來形容。因為無相就是無限，還有什麼比這更大的呢？

3．不以色相見如來

須菩提！於意云何，可以三十二相觀如來不？須菩提言：如是，如是，以三十二相觀如來。佛言：須菩提！若以三十二相觀如來者，轉輪聖王則是如來。須菩提白佛言：世尊！如我解佛所說義，不應以三十二相觀如來。爾時，世尊而說偈言：「若以色見我，以音聲求我，是人行邪道，不能見如來。」（第二十六法身非相分）

第二十六分為「法身非相分」，再次強調，不得以色相見如來。「須菩提！於意云何，可以三十二相觀如來不？」佛陀問須菩提說：你覺得怎麼樣，可以認為看到三十二相，就代表見到如來了嗎？根據印度的傳統觀念，認為最高貴的相貌就是三十二相，這是無量福德成就的，所謂貴之極也。除了三世諸佛，轉輪聖王也具備這樣的相貌。轉輪聖王是印度人推崇的理想君主，相當於儒家的內聖外王。

「須菩提言：如是，如是，以三十二相觀如來。」須菩提回答說：是啊，如果從色身的層面，見到三十二相，也可以說是見到了如來。前面已經說過不能以色相見如來，為什麼須菩提在此又有不一樣的回答呢？因為前面是從法身而言，如果就化身而言，又另當別論了。所以這個回答並不是前後矛盾，而是從不同角度來說。既不著有，也不著空。

「佛言：須菩提！若以三十二相觀如來者，轉輪聖王則是如來。」佛陀反問須菩提說：如果見到三十二相就等於見到如來的話，那麼轉輪聖王就和如來一樣了。因為轉輪聖王同樣具備三十二相，就外在形象而言，和佛陀有著相同的特徵。佛陀當然知道，以須菩提的證量是不會對這些問題產生混淆的，但為了引導其他弟子，才會對這個問題往來反覆地加以辨析。

「須菩提白佛言：世尊！如我解佛所說義，不應以三十二相觀如來。」須菩提知道佛陀的深意，話鋒一轉，進一步談了自己的所證：世尊，根據我對佛陀開示的理解，不應該將具有三十二相的如來色身當作真正的如來。因為如來的真身是法身，三十二相的色身只是因緣假相，是生滅變化的。

「爾時，世尊而說偈言：若以色見我，以音聲求我，是人行邪道，不能見如來。」接著，佛陀說了一個偈頌，這是《金剛經》最為著名的偈頌之一。如果有人執著如來的色身為如來，或執著如來的音聲為如來，住於色相和音聲，就是心外求法，會因此走上歧路，不能見到真正的如來。因為他已陷入對外境的執著，不能如實通達色相、音聲背後的空性。所見所聞只是停留於表面，不能見到甚深的實相。

4．如來具足相好莊嚴

須菩提！汝若作是念，如來不以具足相故，得阿耨多羅三藐三菩提。須菩提！莫作是念，如來不以具足相故，得阿耨多羅三藐三菩提。須菩提！汝若作是念，發阿耨多羅三藐三菩提心者，說諸法斷滅，莫作是念。何以故？發阿耨多羅三藐三菩提心者，於法不說斷滅相。（第二十七　無第二十七分為「無斷無滅分」。前面多次說到，不能執著如來的身相為實有，不能認為見到如來身相就等於見到如來。包括在上一品，佛陀剛對須菩提所說的「如是，如是，以三十二相觀如來」作了糾正。但有人聽了這些說法後，可能會走向另一個極端，認為如來成就阿耨多羅三藐三菩提時，只有無相的法身，沒有有相的色身。針對這些偏見，佛陀作了進一步的引導。

「須菩提！汝若作是念，如來不以具足相故，得阿耨多羅三藐三菩提。須菩提！莫作是念，如來不以具足相故，得阿耨多羅三藐三菩提。」須菩提！如果你聽了如來說法之後就認為，如來在證悟阿耨多羅三藐三菩提時不必成就三十二相，那又偏了。你不應該有這樣的想法，認為如來在證悟阿耨多羅三藐三菩提時不必成就三十二相。為什麼這麼說呢？

如果認為如來只有無相的法身，沒有具足三十二相的色身，也是不對的。雖然法身才是如來的真身，但色身同樣是如來廣修六度、集資培福所成就的。我們說色身不是真身，並不等於要否定色身的價值。如果否定色身的存在，就是偏空的涅槃，是不圓滿的。如來的境界是有體有用的，既有根本智，也有後得智；既有無相的法身，也有有相的報身和化身。

所以，《道次第》特別強調「方便與慧，成佛缺一不可」。在菩薩修行的六度中，既有究竟的般若度，也有作為方便行的布施、持戒、忍辱、精進、禪定前五度。修智慧，可以成就法身；修方便，可以成就報化二身。不能因為色相非真就直接否定色身，那就不是中道見了。

「須菩提！汝若作是念，發阿耨多羅三藐三菩提心者，說諸法斷滅，莫作是念。」佛陀進一步對須菩提強調說：如果你認為，成佛就意味著什麼相都空了，一切緣起現象都不復存在了，其實是不對的，千萬不要這麼認為。佛陀證悟空性，證悟法身，同時也成就無量福德，成就依報莊嚴。

《金剛經》是一部直接開顯空性的經典，它對緣起現象的否定，是要引導我們認識空性。更準確地說，經中否定的並不是緣起現象本身，而是我們在緣起現象上產生的執著。比如度化眾生，在緣起現象上，在世俗諦上，的確有眾生可度，也有度化眾生的行為。需要否定的，只是我們在此過程中產生的我法二執，產生的我相、人相、眾生相、壽者相。從中觀角度來說，它否定的是自性見；從唯識角度來說，它否定的是遍計所執。對於緣起因果，其實是不否定的。所以，我們不要認為在成佛的修行中沒有緣起，沒有因果。如果這樣的話，佛陀既不能成就圓滿報身，也不能成就清淨法身。

「何以故？發阿耨多羅三藐三菩提心者，於法不說斷滅相。」為什麼這麼說呢？佛陀告訴須菩提說：真正發起阿耨多羅三藐三菩提心的人，是不會否定緣起因果的，更不會於法說斷滅相。《金剛經》的修行，一方面反覆告誡我們要認識空性，另一方面也肯定緣起因果的顯現，避免學人因為偏空而撥無因果。也就是說，成佛需要法身與報化二身的共同圓滿，才是有體有用的，才是中道的修行。

5．離相見如來

若見諸相非相，即見如來。（第五　如理實見分）

這句經文出自第五「如理實見分」。《金剛經》多次告訴我們，如果執著什麼就會見不到如來，是通過否定來掃蕩我法二執。反過來說，怎樣才能見到如來呢？

「若見諸相非相，即見如來。」關於怎樣見到如來的問題，佛陀在此給出了非常明確的答案。如果我們在面對種種外境時，當下見到一切相的本質就是空性，就能見到如來。

那麼，怎樣才能見到一切相的本質就是空性？首先要通過聞思，了解到一切相都是緣起的，無自性的。有了這個認知後，再作空性禪修，在定的基礎上起觀，就能契入實相，見到如來真身。我們面對一切相的時候，往往是以遍計所執去認識，在相上生起我執，生起法執。我們看到的所有相，都是被遍計所執扭曲過的，並非它們的本來面目。由此帶來的煩惱，障礙了我們對真相的認識。

離一切諸相，則名諸佛。（第十四　離相寂滅分）

「離相寂滅分」的這句引文，是須菩提聽聞佛陀開解本經義趣後，涕淚悲泣，闡述了一段自己的理解，認為後世眾生如果能信解受持《金剛經》，乃第一稀有，已沒有我、人、眾生、壽者四相。因為「我相即是非相，人相、眾生相、壽者相即是非相」，所以「離一切諸相，則名諸佛」。

當我們對一切相都不染著，沒有遍計所執的干擾，沒有能見和所見的對立，就能於一切相見到空性，見到如來，同時也具備成佛的能力。因為佛陀就是覺者，這種覺悟來自般若智慧。其特點就是朗照無住，在認識一切相的同時，心不染著。就像鏡子，物來則現，物去不留。

這一部分介紹了如何認識佛陀身相的問題，並從「色相非真、有相之身不為大、不以色相見如來、如來具足相好莊嚴、離相見如來」五個方面作了闡述。告訴我們，如來的身相包括色身和法身，其中法身才是如來的真身，所以不能以三十二相見如來。

但我們還要知道，法身也可以透過色身去認識。當我們見到如來色身又不執著於此，那麼在色身的當下即見法身。所以關鍵是不執著於一切相，而不是分別色身和法身。如果執著於色身，那麼色身就是色身，是見不到法身的；如果執著於法身，說諸法斷滅，也是去道遠矣。

《金剛經》為我們開示了怎樣認識佛陀的智慧，事實上，這也是幫助我們認識自己的智慧，引導我們探究——我是誰？究竟什麼代表著我？

十一、《金剛經》的信仰——難信之法

學佛首先要皈依，對佛法僧三寶生起信心，這是整個修學的基礎。佛法是以「信為能入，智為能度」，因為有了信，才能進入佛法之門。用現在的話說，就是拿到學佛的「入場券」。不僅如此，我們對所有佛法知見的接受和實踐，也要建立在信的基礎上。如果沒有信，即使通達經文，也只是學者式的研究，對安身立命沒有多少幫助。

對於《金剛經》這樣的甚深經典，我們的學習和接受，自然也離不開信仰。那麼，本經的信仰到底有什麼特色？我們選擇兩段經文來說明這個問題。

1．信心來自善根

須菩提白佛言：世尊！頗有眾生得聞如是言說章句，生實信不？

佛告須菩提：莫作是說。如來滅後，後五百歲，有持戒修福者，於此章句能生信心，以此為實，當知是人不於一佛二佛三四五佛而種善根，已於無量千萬佛所種諸善根。聞是章句，乃至一念生淨信者，須菩提！如來悉知悉見，是諸眾生得如是無量福德。何以故？是諸眾生無復我相、人相、眾生相、壽者相；無法相，亦無非法相。何以故？是諸眾生若心取相，則為著我人眾生壽者。若取法相，即著我人眾生壽者。何以故？若取非法相，即著我人眾生壽者。是故不應取法，不應取非法。（第六　正信稀有分）

第六分為「正信稀有分」，說明能對《金剛經》生起正信是稀有難得的，需要具足善根福德因緣，同時還要通達我空和法空。為什麼要達到這樣一個標準？或者說，這是什麼意義上的信？

「須菩提白佛言：世尊！頗有眾生得聞如是言說章句，生實信不？」須菩提向佛陀請教說：究竟有沒有眾生因為聽到《金剛經》的經文，以及經中闡述的義理而生起真實無偽的信心？這裡所說的「實信」，不是停留在道理上的泛泛信仰，而是有了切身體證的信仰。就像你不僅聽說過蘋果，看見了蘋果，還品嘗過蘋果的滋味。這種有了體證後的信仰，和僅僅因為聽說而產生的信仰完全不同。後者是概念性的信仰，沒有落實到心行，是不真切且沒有力度的，很容易因為種種因緣退轉。前者則是親證後的，是確定、真切、穩固的。一般的信仰，每個佛弟子多少會有，只是深度不同而已。但只要沒有體證空性，就談不上這裡所說的實信。因為《金剛經》開顯的義理甚深難解，不可思議，所以須菩提對將來是否有人真的能夠理解、接受本經表示懷疑。

「佛告須菩提：莫作是說。如來滅後，後五百歲。」佛陀告訴須菩提說：你不要認為將來不會有人對此經生起信解。在佛教史上，如來滅度五百年之後，正是般若系經典及龍樹、提婆的中觀思想盛行的時代。研究印度佛教史的人，認為這就是初期的大乘佛教。可以說，關於般若經典的盛行，佛陀在《金剛經》中已經授記過了。

「有持戒修福者，於此章句能生信心，以此為實，當知是人不於一佛二佛三四五佛而種善根，已於無量千萬佛所種諸善根。」佛陀滅度後，如果有持戒、修福的佛弟子，能對《金剛經》生起信心，對其中闡述的義理深信不疑，實在是善根深厚。要知道，此人不僅是在一佛、二佛、三佛、四佛、五佛出世時種下善根，在他們座下學習佛法，修福修慧，而是在無量千萬諸佛出世時種下善根，在他們座下精進修學，具足正見。

這段經文說明，對《金剛經》的信仰需要建立在多生累劫的善根之上，要具足福德和智慧資糧。善根越深厚，對本經就越相應。就像六祖惠能，聽人讀誦《金剛經》就心有所悟；再聽五祖為他說「應無所住而生其心」，即於言下頓悟本心。這並不是奇跡，也不是傳說，而是他宿世積累的善根已經成熟，所以能一觸即發。我們現在雖然也在學，也在修，但這種信仰到了什麼程度？似信非信，還是堅信不疑？自己應該是最清楚的。

「聞是章句，乃至一念生淨信者。須菩提！如來悉知悉見，是諸眾生得如是無量福德。」淨信，對佛、法、僧、戒生起清淨的信仰。這種信仰，在聲聞乘修行中要初果才能達到，在菩薩乘修行中要見道的淨心地才能成就。如果聽到《金剛經》的經文，當下就能生起清淨而堅定的信仰，對於這樣的人，如來以遍知一切的智慧了知，他們在生起淨信的當下，就能成就無量福德。因為這種淨信是建立在空性基礎上，是無盡的寶藏。由此可見，《金剛經》的信仰標準極高。因為本經開頭就提出，發勝義菩提心的菩薩應該怎麼修行，它的起點不是世俗菩提心，它的信仰也不是普通的信仰。

以上所說的主要是持戒修福，偏於福德資糧。但僅有福德資糧，不足以對甚深的般若法門生起勝解，還需要智慧資糧。所以佛陀接著說明，對本經生起淨信，在見地上要達到什麼標準。

「何以故？是諸眾生無復我相、人相、眾生相、壽者相；無法相，亦無非法相。」非法相，對空的執著。為什麼說對《金剛經》生起一念淨信能成就無量福德？因為凡是能生起淨信者，已不再是普通的凡夫，而是證悟了空性，不再有我相、人相、眾生相、壽者相。更重要的是，他們既沒有對法相的執著，也沒有對空的執著。這裡所說的法相，指一切認識對象。凡夫往往會在這些現象上生起遍計所執，執美醜，執善惡，執貴賤，執為真實有。或是偏向另一個極端，對空生起執著，撥無因果，這也不是中道正見。必須遠離我執、法執和空執，才能對《金剛經》生起淨信。

否則，或是於所緣對象生起我執，比如執著身體為我；或是於所緣對象生起法執，比如執著家庭、財富、事業、地位等為實有。另一種情況是，在聞思佛法後，看到財富、地位、家庭等有為法的虛妄不實，逐漸放下對世間的種種執著，卻把執著轉向三寶，執著佛法義理，執著修行目標，執著宗教生活，執著寺院環境，執著佛教事業，等等。如果這樣的話，只是轉變了執著對象而已，「執著」本身並沒有動搖。

所以對本經的信仰不僅要破我執，還要破法執；不僅要掃除對有的執著，還要掃除對空的執著；不僅要放棄對世間的執著，還要放棄對佛法的執著。執著法固然不行，執著空同樣不行，所謂我空、法空、空空。真正能心無所住的時候，智慧才得以開顯。有位藏傳大德曾經說過：「若執著此生，則非修行者。若執著世間，則無出離心。執著己目的，不具菩提心。當執著生起，正見已喪失。」不論所執著的是有還是空，從執著來說，都是一樣的，都是證悟實相的障礙。真正的正見，必須超越一切執著。就像在眼睛裡，不論金子或砂子都是多餘的，都要去除。

「何以故？是諸眾生若心取相，則為著我人眾生壽者。若取法相，即著我人眾生壽者。」為什麼要超越一切執著？只要我們內心還執取某種相，就會成為我執建立的基礎，就會落入我相、人相、眾生相、壽者相。同樣，只要我們還執著法相，不論執著世間法還是佛法，不論執著住持三寶還是化相三寶，都會落入我相、人相、眾生相、壽者相。

「何以故？若取非法相，即著我人眾生壽者。」為什麼呢？那執著空相行不行呢？同樣不行。哪怕執著空相，也會落入我相、人相、眾生相、壽者相。當然，這個空是偏空或頑空，不是正見空性實相。佛法講無我，主要是為了掃除我執；講法空，主要是為了掃除法執。但如果執著空，可能比我法二執更可怕，因為它更難以察覺，難以對治。

所以龍樹菩薩在《中論》說：「大聖說空法，為離諸見故。若復見有空，諸佛所不化。」佛陀講空的目的，是幫助我們遠離對各種法的執著。如果轉而執著空，認為什麼都沒有，那麼諸佛都難以對你進行教化。《大乘入楞伽經》也說：「寧起我見如須彌山，不起空見懷增上慢。」如果一個人持斷滅見，認為一切皆空，就可能撥無因果，無所不為，結果將比執有可怕得多。

「是故不應取法，不應取非法。」所以說，我們不該執著一切法，同時也不該執著於空。或者說，佛法是指八正道，非法是指佛法以外的世間法，那就是既不執著佛法，也不執著世間法。總之，一切都不可以執著。

2．稀有難信之法

爾時，須菩提聞說是經，深解義趣，涕淚悲泣，而白佛言：稀有，世尊！佛說如是甚深經典，我從昔來所得慧眼，未曾得聞如是之經。世尊！若復有人得聞是經，信心清淨，則生實相。當知是人成就第一稀有功德。世尊！是實相者，則是非相，是故如來說名實相。世尊！我今得聞如是經典，信解受持不足為難，若當來世，後五百歲，其有眾生得聞是經，信解受持，是人則為第一稀有。何以故？此人無我相、人相、眾生相、壽者相。所以者何？我相即是非相，人相、眾生相、壽者相即是非相。何以故？離一切諸相，則名諸佛。佛告須菩提：如是！如是！若復有人得聞是經，不驚、不怖、不畏，當知是人甚為稀有。何以故？須菩提！如來說第一波羅蜜，即非第一波羅蜜，是名第一波羅蜜。（第十四　離相寂滅分）

以上經文出自「離相寂滅分」，說明《金剛經》是稀有難信之法。「爾時，須菩提聞說是經，深解義趣，涕淚悲泣，而白佛言。」此時，須菩提尊者聽聞佛陀講述《金剛經》的甚深見地後，深深領悟到般若法門的殊勝，心有所感，涕淚橫流，向佛陀報告自己的心得。此處的「悲泣」不是難過，而是被這種聞所未聞的妙法震撼並攝受。

「稀有，世尊！佛說如是甚深經典，我從昔來所得慧眼，未曾得聞如是之經。」須菩提尊者感慨說：世尊，這實在是太稀有難得了！佛陀所說的如此甚深的法義，雖然我於往昔已曾具足慧眼，但從來沒有聽過如此直接、微妙而殊勝的開示。

須菩提是證果的阿羅漢，對空性不是沒有體悟，但佛陀並不是每次說法都像這樣直截了當，有時也會根據聽眾根機作方便說。所以連解空第一的須菩提尊者，也覺得聞所未聞。佛陀在本經所講的空性，處處都是直指，而不是先給你一根拐杖。正相反，他把你之前的所有拐杖統統扔掉。聲聞教法講到無常苦空，通常是漸次而行，有個逐步取代的過程。而金剛般若法門對每個法的詮釋，不論度眾生還是莊嚴佛土，都是讓學人直接體認空性。

「世尊！若復有人得聞是經，信心清淨，則生實相，當知是人成就第一稀有功德。」須菩提尊者接著讚歎說：世尊，如果有人聽聞金剛般若法門之後，對這些知見生起清淨如實的信心，當下就能超越能所的二元對立，契入空性實相。正因為這樣，此人將成就最為稀有的功德。

「世尊！是實相者，則是非相，是故如來說名實相。」須菩提尊者這番話，正是佛陀在《金剛經》中反覆宣說的「三句式」。因為前面說到證悟實相為第一稀有功德，尊者唯恐有人聽到後產生執著，想像這個實相究竟是空、是有，還是七寶莊嚴，所以立刻加以掃除，向佛陀報告說：所謂實相，其實是沒有任何相的。正因為它沒有任何相，佛陀才將之稱為實相。這也是《六祖壇經》所說的「無念為宗，無相為體，無住為本」。實相就是以無相為體，超越了有相，也超越了空相。如果想著實相是什麼樣，它就不是實相了。這樣就不會留下任何執著點，避免聞者落入有所得中。

「世尊！我今得聞如是經典，信解受持不足為難。」須菩提又進一步向佛陀報告自己的體會說：世尊，我現在聽聞《金剛經》之後，能信解、接受並依法實踐，並不是太困難的事。因為須菩提尊者是證果的阿羅漢，對空性已有體證，所以他雖是第一次聽聞這些法義，受到極大震撼，但並沒有超出他的理解範疇。

「若當來世，後五百歲，其有眾生得聞是經，信解受持，是人則為第一稀有。」但須菩提尊者由此聯想到：在佛滅度後五百年乃至更久，如果有眾生聽聞金剛般若法門後，能如實信解，依法實踐，此人才是最為稀有難得的上根利智。

「何以故？此人無我相、人相、眾生相、壽者相。」為什麼這麼說？因為此人已經沒有我相，沒有人相，沒有眾生相，也沒有壽者相。換言之，當我們還有我法二執，就不可能對此生起信解。當然，這裡所說的不是一般的信，而是淨信，是以清淨心和空性慧體認的，沒有夾雜任何迷惑。而我們現在的信，可能僅僅因為這是佛陀所說，似乎沒理由不相信，但內心並不是真正相應。否則的話，我們也會像須菩提尊者一樣深受震撼，涕淚悲泣。

「所以者何？我相即是非相，人相、眾生相、壽者相即是非相。」須菩提尊者繼續向佛陀報告說：之所以這麼說，因為我相是空的，人相、眾生相、壽者相也是空的。正因為我、人、眾生、壽者四相都是因緣和合的，那我們在這些假相上建立的執著，更是一種虛妄的錯誤認定，事實上根本就不存在。就像我們在黑暗中把繩子誤以為蛇，這條蛇只是我們想像中的，是一場誤會而已，從來不曾存在過。

「何以故？離一切諸相，則名諸佛。」在這一段中，須菩提尊者連續使用「何以故」、「所以者何」，都是為了幫助後世弟子聽聞《金剛經》後能生起淨信的稀有難得，又以最後這句話最見分量：能夠證悟離相的智慧，看清一切相都是因緣和合的，其本質空無自性，這種觀照力是覺性的作用，也是成佛的潛質。

凡夫所以執著我相乃至壽者相，是代表生命中無明和不覺的狀態。因為無明，使我們迷失了自己。又因為迷失，使我們將種種非我的顯現執以為我——執著身體為我，執著地位為我，執著財富、名聲、種族等等為我。進而產生法執，或是執著有，或是執著空。所有這些執著都是無明的產物。修行，就是要了知一切相的本質是空性。有了這樣一種認知，才能斷除執著，使本具的覺性顯現出來。

「佛告須菩提：如是！如是！若復有人得聞是經，不驚、不怖、不畏，當知是人甚為稀有。」佛陀對須菩提的心得作了肯定：的確是這樣的。如果有人聽聞金剛般若法門後，對一切法空的真相不感到驚訝和恐慌，也不由此產生畏懼，說明此人實在是善根深厚，極為難得。

對於佛弟子來說，每天禮佛、學佛、念佛，希望成就佛果，沒想到佛陀卻說：如來得阿耨多羅三藐三菩提，實無所得；如來的身相並不是如來，若以色和音聲見如來，就是在行邪道；如來四十五年說法，實無所說，若認為如來有所說法就是在謗佛……如果你深入思考一下，真的理解嗎？真的能接受嗎？真的對修行沒有困惑和懷疑嗎？多數人可能覺得，佛經那麼說，我們聽著就是了。其實那是法不入心的表現，因為隔著一層，所以沒有受到觸動。

「何以故？須菩提！如來說第一波羅蜜，即非第一波羅蜜，是名第一波羅蜜。」為什麼這麼說呢？佛陀接著為須菩提開示說：如來說金剛般若法門是第一波羅蜜，即最高法門。但這些說法只是一種方便，是不可以執著的。因為第一波羅蜜乃假名安立，並非真的存在一個叫作「第一波羅蜜」的東西。這是進一步開示一切法空的原理。

《心經》說：「般若波羅蜜多是大神咒，是大明咒，是無上咒，是無等等咒。」《金剛經》也說，般若法門是「如來為大乘者說，為最上乘者說」，是引導我們走向彼岸的最高法門。凡夫聽了這些說法之後，可能會因此執著這個無上或最上乘。事實上，學佛人之間往往會出現宗派之爭，認為我學的法門比你殊勝，比你究竟。既然我這個是第一，你那個必然是第二，甚至更低。

其實佛陀說每一部經典時，為了讓弟子們對此經生起信心，都會大加讚歎。這種讚歎的目的，不是讓我們去比較第一第二，更不是佛陀為了做廣告，想怎麼說就怎麼說。而是對於不同眾生，都有最適合他們的「第一」。所以，法門的好與不好，關鍵還在於實用，在於對機，所謂「是法平等，無有高下」。如果不具備足夠的根機，即使有緣聽聞金剛般若法門，也是修不起來的。那麼，「最高、最究竟」就像英雄無用武之地那樣，是起不到多少作用的。總之，一個法能發揮多少作用，不在於法本身，而是取決於我們理解了多少，運用了多少。話說回來，即使現在根機不夠，每天誦一誦也挺好，至少可以種種善根，結個法緣。

所以說，我們不必執著般若法門的至高無上，最為第一，因為這些也是緣起的假相。當我們說第一的時候，其實是在建立一個參考點，但真正的空性是超越這些的。在空性中，沒有中心點，沒有參考點，也沒有目標。所謂的第一第二，是從世俗諦的層面而言，是假名安立的。而佛陀說《金剛經》是直示空性，如果我們停留在對第一第二的執著中，是無法契入的——這就說明你的內心還有標準，還有參考點，而這只是凡夫的妄想而已，是與道不相應的。

十二、聖賢的果位——佛果無得

世人做任何事都要有結果。如果明知沒有結果，多半是沒人去做的。對結果的需要，和我們的心有關，因為它是有所得的心，是無明的產物。因為無明，我們迷失了自己，所以對生命產生種種錯誤認定，進而在此之上建立自我。但這個「我」其實是不存在的。

每個人都很關注自己，可究竟「我是誰」？什麼代表著「我」？我們把身體當作是我，把財富當作是我，把地位當作是我，把家庭當作是我，把身分當作是我……由這樣一些執著，形成自我存在的支撐點。每一種支撐，又會發展出某種需求，不斷向外抓取。所以，我們沒辦法讓自己老老實實地待著，總要忙些什麼，總想得到什麼，這就是凡夫的特點。

如果讓自己停下來，不做什麼，只是靜靜地面對自己，對很多人來說特別難。因為我們的內心總會冒出一些念頭，這些念頭此起彼伏，只有不停地忙著，才覺得比較踏實。或者說，總要追求些什麼，才覺得活著有意義，有價值。如果不做點什麼，我們就會覺得無聊，覺得活著沒價值。問題是，我們忙的這些事本身有什麼價值呢？為什麼會這樣？還是有所得的心在作怪。因為忙碌讓我們覺得充實，覺得有成就感，讓我們在時光的流逝中不那麼恐慌。學佛後，我們也會把這種有所得的心帶到修學中，希望得到加持，希望明心見性，希望證悟果位。打坐時，希望見光，見神通，見佛菩薩，見種種境界……所有這些希望，都來自有所得的心，而這恰恰是通達空性的障礙。

金剛般若法門的殊勝就在於，不僅解除我們對世間的執著和追求，同時也解除在修學上建立的執著和追求。對於學佛者來說，終極的執著，就是對成佛的執著。《金剛經》正是從這裡加以否定，通過否定對成佛的執著，來否定有所得的心，引導我們成就無所得的智慧。

1．無有定法名阿耨多羅三藐三菩提

須菩提！於意云何，如來得阿耨多羅三藐三菩提耶？如來有所說法耶？

須菩提言：如我解佛所說義，無有定法名阿耨多羅三藐三菩提，亦無有定法如來可說。何以故？如來所說法，皆不可取，不可說，非法非非法。所以者何？一切賢聖皆以無為法而有差別。

（第七　無得無說分）

第七分為「無得無說分」，說明沒有定法名阿耨多羅三藐三菩提，也沒有定法如來可說。

「須菩提！於意云何，如來得阿耨多羅三藐三菩提耶？如來有所說法耶？」佛陀問須菩提：根據你所理解的，如來是不是證悟了阿耨多羅三藐三菩提？是不是在成佛後不斷地說法度眾生？就像生活中，我們讀書得到一個什麼文憑，畢業後得到一份什麼工作。同樣，我們也會將這種世俗心帶入修行，認為會得到某個結果。以上兩個問題中，我們側重談第一個，第二個下面會專門說到。

「須菩提言：如我解佛所說義，無有定法名阿耨多羅三藐三菩提，亦無有定法如來可說。」須菩提尊者回答說：根據我所理解的，在佛陀所說的法義中，並沒有什麼特定的內容或形式，叫作阿耨多羅三藐三菩提。因為空性是超越一切形式的，既沒有能得，也沒有所得。佛陀以空性慧證悟空性，但這並不是兩個東西，而是體和用的關係。其中沒有能觀的智慧，也沒有所證的境界。

「何以故？如來所說法，皆不可取，不可說，非法非非法。」為什麼沒有定法是如來所說的呢？這裡所說的「法」，不是指普通的教法，而是空性。空性是不可取、不可說的，不能用二元對立的心證悟，必須以無所得的智慧體認。而且它是超越語言文字的，既不是有的，也不是空的，不能用任何方法去表示，所謂「言語道斷，心行處滅」。必須超越能所，超越語言和思惟，才能通達空性。

「所以者何？一切賢聖皆以無為法而有差別。」無為法是相對有為法而言。有為法是緣起的，有生滅，有造作。而無為法不是緣起的，是超越生滅和造作的。須菩提尊者繼續向佛陀報告：為什麼說阿耨多羅三藐三菩提實無所得？因為它是無為法，是由無造作的智慧證悟的，而不是來自有所得的心。事實上，一切賢聖都要證悟無為法，只是所證深淺有別而已。須菩提是阿羅漢，對空性的證悟雖然沒有佛陀那麼圓滿，但畢竟已經證悟。也就是說，三乘聖者的相同之處是證悟空性，所謂「三乘同坐解脫船」。不同則是所證圓滿與否，正如《優婆塞戒經．三種菩提品》所說：「如恆河水，三獸俱渡，兔、馬、香象。兔不至底，浮水而過；馬或至底，或不至底；象則盡底。恆河水者即是十二因緣河也，聲聞渡時猶如彼兔，緣覺渡時猶如彼馬，如來渡時猶如香象，是故如來得名為佛。」

如何證悟空性？《般若經》講到三種般若，即文字般若、觀照般若、實相般若。首先是通過對文字般若的聞思獲得正見，再依正見修習觀照般若。開始階段的觀照是有造作的，需要對所緣保持覺知，並讓這種專注持續、穩定地發展，從而獲得定力。當定力達到一定程度，再在定的基礎上不斷作觀，內在的無分別智就會顯現出來，此為實相般若。這種智慧也叫俱生智，是般若之體，是沒有造作的。

三乘聖賢的差別，就在於對空性的體認是否圓滿。相對佛陀來說，聲聞或菩薩的體認都不曾圓滿。《法華經》說，諸佛世尊以一大事因緣出現於世，就是為了開示眾生悟入佛的知見。這個佛的知見，就是每個眾生內在本具的般若智慧。千經萬論所指向的，都是這個重心。

凡夫是有所得的，在學佛之前，我們會帶著有所得的心去生活，去工作。學佛之後，同樣會帶著有所得的心，希望證悟各種境界，乃至成就佛果。這似乎是人之常情。問題是，通過有所得的心，究竟能不能完成修行目標？事實上，如果有所得，心用錯了，得到的一定是妄想塵勞，而不是我們期待的結果。只要不改變這種用心方式，永遠不可能和無上佛果相應。這是《金剛經》給我們的重要修行啟示，告訴我們：即使我們所成就的無上菩提，也是了不可得的。

這又引發了另外的問題：修行成就的「無所得」，和我們平時理解的「沒有任何結果」是否一樣？如果一樣，不是白忙一場嗎，那要修行幹什麼？如果不一樣，差別究竟在哪裡？

要知道，修行成就的「無所得」，是指超越能所、超越一切二元對立的智慧。這種空性慧，正是《心經》所說的「無智亦無得」，沒有能得，也沒有所得；也是《壇經》所說的「無念為宗」，須心不染著，在一念未生前去認識。進一步說，空性慧和證悟空性是一體的，是體和用的關係，所謂「境智一如」。這種智慧是圓滿的，安住其中，一切也是本來圓滿的，不需要任何外在支撐。所以六祖在悟道時說：「何期自性，本自具足。」

過去那些生活在水邊林下的禪者們，雖然生活清貧，甚至一無所有，但內心並不覺得缺少什麼。因為他的存在就是整個世界，不需要什麼來支撐。而有所得的心是建立在我執基礎上，當我們把自己和世界對立起來，就要向外攀緣，支撐這個被分割、被孤立的「我」。

所以，世人需要不斷地追求事業，追求感情，追求吃喝玩樂，通過這些追求讓自己覺得踏實，覺得有奔頭。一旦沒有支撐，就覺得無所事事，難以安住。其實，這種支撐並不能從根本上解決問題。不論物質世界發展得多快，永遠跟不上欲望的發展，也不足以支撐需求的增長。這種有所得的心越發達，對外在環境的依賴就會越多，潛在的不安全感也就越多。

而修行成就的「無所得」是智慧，是心行狀態，並不是什麼結果都沒有。一無所有，是「無所得」；萬法具足，應有盡有，也是「無所得」。

2．佛果無所得

須菩提！於意云何？如來於燃燈佛所，有法得阿耨多羅三藐三菩提不？不也，世尊！如我解佛所說義，佛於燃燈佛所，無有法得阿耨多羅三藐三菩提。佛言：如是！如是！須菩提！實無有法如來得阿耨多羅三藐三菩提。須菩提！若有法如來得阿耨多羅三藐三菩提者，燃燈佛則不與我授記：汝於來世當得作佛，號釋迦牟尼。以實無有法得阿耨多羅三藐三菩提，是故燃燈佛與我授記，作是言：汝於來世當得作佛，號釋迦牟尼。何以故？如來者，即諸法如義。

若有人言：如來得阿耨多羅三藐三菩提。須菩提！實無有法，佛得阿耨多羅三藐三菩提。須菩提！如來所得阿耨多羅三藐三菩提，於是中無實無虛。是故如來說：一切法皆是佛法。須菩提！所言一切法者，即非一切法，是故名一切法。（第十七　究竟無我分）

第十七分為「究竟無我分」。其中，佛陀向須菩提講述了他過去生的修學經歷。當年燃燈佛教化時，釋迦佛在其座下聞法修行，並得到授記：「汝於來世當得作佛，號釋迦牟尼。」這是燃燈佛對他作的一個資格認定。前面說到，沒有定法名阿耨多羅三藐三菩提，那燃燈佛為什麼要為他授記呢？不是前後矛盾嗎？

「須菩提！於意云何？如來於燃燈佛所，有法得阿耨多羅三藐三菩提不？」佛陀問須菩提說：你認為如何，當年如來在燃燈佛座下修行，是否得到一個名為「阿耨多羅三藐三菩提」的法？現在說到認定，通常會得到一個證書或法卷，所以在我們的印象中，總要有點什麼才能作為證明。那麼，燃燈佛給釋迦牟尼傳了什麼呢？再如禪宗的傳法，是不是老師傳個什麼，然後學生得個什麼呢？

「不也，世尊！如我解佛所說義，佛於燃燈佛所，無有法得阿耨多羅三藐三菩提。」須菩提尊者回答說：不是這樣的，世尊。根據我對佛陀所說法義的理解，佛陀當年在燃燈佛座下修學時，並沒有得到一個叫作阿耨多羅三藐三菩提的法。這個理解，既來自佛陀對空性的開示，也體現了須菩提尊者對空性的證悟。

「佛言：如是！如是！須菩提！實無有法如來得阿耨多羅三藐三菩提。」佛陀對須菩提的回答表示肯定：的確是這樣的，確實沒有什麼法叫作阿耨多羅三藐三菩提，也沒有什麼是佛陀得到的。佛陀成就無上正等正覺時，並不是得到什麼，而是成就了「無所得」。

「須菩提！若有法得阿耨多羅三藐三菩提，燃燈佛則不與我授記：汝於來世，當得作佛，號釋迦牟尼。」佛陀接著為須菩提開示說：如果我當年在燃燈佛座下得到什麼法，認為這就是阿耨多羅三藐三菩提，那麼燃燈佛就不會為我授記：你將來會成就佛果，號釋迦牟尼。為什麼？如果佛陀覺得自己得到什麼，或是見到光，見到相……只要有任何一點什麼，只能說明自己仍是凡夫，尚未成就無所得的智慧。

「以實無有法得阿耨多羅三藐三菩提，是故燃燈佛與我授記，作是言：汝於來世當得作佛，號釋迦牟尼。」正因為佛陀已成就無所得的智慧，體認到沒有任何一法可以叫作阿耨多羅三藐三菩提，所以燃燈佛才印證了他的見地，為他授記說：你在來世能夠成佛，號釋迦牟尼。

「何以故？如來者，即諸法如義。」為什麼呢？佛陀進一步為須菩提開顯說：所謂如來，就是諸法的如實義，如實相。佛陀因為體認到諸法實相，所以不再陷入五欲六塵，在生死中來去自在。這種無住、無所得的能力，正是如實智的作用。修行是不斷遣除執著、開啟智慧的過程，一旦證悟空性，就真正開啟了如實智。

「若有人言：如來得阿耨多羅三藐三菩提。須菩提！實無有法，佛得阿耨多羅三藐三菩提。」接著，佛陀再次強調了無所得的內涵：如果有人說佛陀得到了阿耨多羅三藐三菩提，那麼你要知道，沒有任何法，是佛陀得到的阿耨多羅三藐三菩提。在無所得的智慧中，當下就沒有能得和所得，絕不是凡夫意義上的得到什麼。

「須菩提！如來所得阿耨多羅三藐三菩提，於是中無實無虛。」在如來得到的阿耨多羅三藐三菩提中，是無實無虛、非空非有的。因為它不是以某種特定形式存在的，不是一種真實的有，但也不是什麼都沒有。如果認為它真實存在，就會落入常見；如果認為什麼都沒有，又是一種頑空。它超越了空，也超越了有。如果不具備無所得的心，就無法體會無所得的智慧究竟是什麼。

人多半是活在念頭中，每個念頭都代表有所得的心，並有相應的影象作為念頭存在的支撐點。所以，每個念頭都會尋求、追逐並執著與之相應的影象，都有能和所兩方面。「能」是念頭本身的需求，「所」是念頭需求的對象。我們已經習慣於有能有所，習慣於有所得。想一想，如果我們跳出念頭，不再陷入其中，這時的心是什麼狀態？我們有沒有辦法體會？當心不再陷入念頭，就會超越二元對立，超越一切差別，像虛空一樣空曠無邊，但又有了了明知的作用。這種作用既不是空也不是有，所以說，阿耨多羅三藐三菩提是無實無虛，非空非有的。

「是故如來說：一切法皆是佛法。」所以如來告訴我們，一切法都是佛法。因為這種智慧是無所不在、遍一切處的，正是在這個意義上，說一切法都是佛法。《解深密經．勝義諦相品》說，勝義諦具備四個特徵。第一是離言無二相，離言是超越語言，無二是超越相對；第二是超尋思所行相，對空性的認識要超越思惟，以無分別的智慧去認識；第三是非一異性相，說明空性和一切現象的關係是不一不異的，如樂器和樂器發出的聲音，木頭和木頭燒出的火，既不能說是一，也不能說是異；第四是遍一切一味相，空性是遍一切處的，我們見聞覺知的一切，從世間萬象到山河大地、宇宙萬有，都蘊含著空性。

但我們要知道，一切法都是佛法，並不是說基督教也是佛法，世間法也是佛法，這樣理解就錯了。其內涵在於，一切法的本質都是空性。正因為如此，在行住坐臥中，在待人接物中，在語默動靜中，在一切時一切處，都可以體認佛法。只要具備空性慧，任何一個當下都能體認空性。在禪宗公案的記載中，那些祖師的悟道因緣真是形形色色，或是被大喝一聲，或是嗅到了梅香，或是聽到首小曲，結果就在那個當下開悟了。因為空性是無所不在的，所以才有「青青翠竹，無非般若；鬱鬱黃花，無非中道」之說。否則翠竹怎麼會是般若，黃花和中道又有什麼關係？因為無處不在，所以隨處可以體認，而不是必須在禪堂中，在法座上。當然，開悟一定離不開之前的座上功夫。正因為功夫用到家了，並且綿綿密密，從不空過，才能延續到座下，在某個契機被一擊而中，豁然開朗。

這也說明，我們能看到什麼樣的世界，關鍵是在認識本身，而不是在認識對象。學佛，是通過聞思經教樹立正見，以此替代我們原有的、由無明我執建立起來的錯誤認識。只有看清世界真相，才能體會到，一切法都是佛法。所以天台宗認為，無情也能說法。你看外邊春夏秋冬，花開花落，雲卷雲舒，哪一個不是在說法？都在給我們說無常法，說無我法，說苦，說空，關鍵是你能不能領會。如果具備智慧，隨時隨地都能聽到佛法。否則，即使聽的是佛法開示，也只是增長一點知識而已，照樣是用不起來的。

「須菩提！所言一切法者，即非一切法，是故名一切法。」佛陀知道眾生往往偏執一端，說一切法都是佛法，就會對此生起執著，認為既然如此，那也不用修行，不用改變什麼了。事實上，凡夫看到的一切都是無明、妄想、顛倒，都是自我、輪迴、生死，哪有一點佛法？只有在智慧透視下，一切法才是佛法，而不是在無明狀態下的所知所見。這個前提是不容忽略的。所以佛陀進一步為須菩提開示說：所謂一切法，也是因緣假相，是無自性的，其本質就是空性。我們現在所說的一切法，只是假名安立而已。

學習《金剛經》，要了解到一切法的本質就是空性。如果不具備這個認知，就會在一切法上生起我執和法執。這就意味著，一切法都會成為輪迴之因，而非解脫之因。雖然說一切法的本質是空性，但也不妨礙緣起因果的顯現。反過來說，在緣起有的當下，其本質就是空的，並不是在事物敗壞、毀滅後才是空，這種空是當體即空。

須菩提白佛言：世尊！佛得阿耨多羅三藐三菩提，為無所得耶？

佛言：如是，如是。須菩提！我於阿耨多羅三藐三菩提，乃至無有少法可得，是名阿耨多羅三藐三菩提。（第二十二　無法可得分）

第二十二分為「無法可得分」，再次對佛果無所得的問題作了強調。

「須菩提白佛言：世尊！佛得阿耨多羅三藐三菩提，為無所得耶？」須菩提請教佛陀說：佛得阿耨多羅三藐三菩提，真是無所得嗎？因為這個觀念與常人的認識完全相違，所以須菩提和佛陀一再地往來確認，同時也為後世佛弟子們反覆解讀這一甚深見地。

「佛言：如是，如是。須菩提！我於阿耨多羅三藐三菩提，乃至無有少法可得，是名阿耨多羅三藐三菩提。」佛陀回答須菩提說：是這樣的，在我成就的阿耨多羅三藐三菩提中，是沒有一法可得的。正因為佛陀成就了無所得的心，超越了能得所得，才能稱為阿耨多羅三藐三菩提。否則的話，哪怕有一念認為，我證悟了佛果，成就了無上菩提，也是不究竟的，只能說明還未證悟。

3・聲聞果無得無證

須菩提！於意云何？須陀洹能作是念：我得須陀洹果不？

須菩提言：不也，世尊！何以故？須陀洹名為入流，而無所入，不入色聲香味觸法，是名須陀洹。

須菩提！於意云何？斯陀含能作是念：我得斯陀含果不？

須菩提言：不也，世尊！何以故？斯陀含名一往來，而實無往來，是名斯陀含。

須菩提！於意云何？阿那含能作是念：我得阿那含果不？

須菩提言：不也，世尊！何以故？阿那含名為不來，而實無不來，是故名阿那含。

須菩提！於意云何？阿羅漢能作是念：我得阿羅漢道不？

須菩提言：不也，世尊！何以故？實無有法名阿羅漢。世尊！若阿羅漢作是念：我得阿羅漢道，即為著我人眾生壽者。世尊！佛說我得無諍三昧，人中最為第一，是第一離欲阿羅漢。我不作是念：我是離欲阿羅漢。世尊！我若作是念：我得阿羅漢道，世尊則不說須菩提是樂阿蘭那行者。以須菩提實無所行，而名須菩提是樂阿蘭那行。（第九 一相無相分）

第九分為「一相無相分」，說明如何看待聲聞果位的問題。《金剛經》說，一切賢聖皆以無為法而有差別。也就是說，三乘聖賢之所以能證果，都是因為體認到無為法。但對無為法體認有深淺不同，所以果位也有高低不同。

聲聞有四果，分別是初果須陀洹、二果斯陀含、三果阿那含、四果阿羅漢。四果聖者在體認空性上是相同的，但在斷惑深淺上不一樣。聲聞的修行主要是斷除見惑和思惑。見惑代表知見上的迷惑。凡夫因為無明，不能正確認識自己和世界，不能認識其中的空性本質，從而形成誤解，如六種根本煩惱中的身見、邊見等。此外還有思惑，是因見惑發展出的錯誤思惟，進而導致貪嗔痴種種煩惱。見惑和思惑是製造輪迴的基礎，也是解脫道修行必須斷除的。根據斷惑程度的不同，形成四種果位的差別。佛陀和須菩提尊者是如何解讀這四種果位的呢？

「須菩提！於意云何？須陀洹能作是念：我得須陀洹果不？」佛陀問須菩提說：根據你的認識，初果聖者須陀洹能否認為，我得到了「須陀洹」這樣一個果位？就像世間的人覺得，我取得了某個學歷，得到了某個職稱？

「須菩提言：不也，世尊！何以故？」須菩提尊者回答說：不能這麼認為，世尊。為什麼呢？因為世人是以有所得的心，以為有能得和所得，而聖者超越了能得和所得。當須陀洹證悟聖道聖果時，沒有我也沒有法。在空性中，一切能所都了不可得，自然不可能存在「我得到什麼」的認知。如果還有作為「能得」的我，有我「所得」到的，根本不可能證悟須陀洹果。

「須陀洹名為入流，而無所入。」須陀洹名為入流，或叫預流，意為進入法性之流。從世俗諦來說，這個過程是從二元對立進入空性海洋，從有漏狀態進入無漏狀態，從凡夫狀態進入聖賢狀態，是在完成生命的切換，有入與不入的分別。但在空性層面，超越了對待，超越了入與不入的差別，無所謂來去，也無所謂出入。所以，「入流」只是世俗諦的假名安立，在勝義諦是「無所入」的。

「不入色聲香味觸法，是名須陀洹。」初果聖者斷除了三界見惑，看到諸法實相，對生命不再有迷惑，對世界也不再有迷惑。他安住於空性，心不再陷入對色聲香味觸法的執著。凡夫因為心有所得，只要面對六塵境界，就會不由自主地被吸附上去，仿佛磁鐵遇到鐵一樣。而證悟空性後，就像磁鐵被消了磁，面對任何境界都不再被吸附，被糾纏。這樣的見道聖者，就被稱為「須陀洹」。

「須菩提！於意云何？斯陀含能作是念：我得斯陀含果不？」佛陀又問須菩提說：在你的認識中，二果聖者斯陀含能不能認為，我得到了斯陀含這樣一個果位？

「須菩提言：不也，世尊！何以故？斯陀含名一往來，而實無往來，是名斯陀含。」須菩提尊者回答說：不能這麼認為，世尊。為什麼呢？斯陀含又名一往來，意思是，他已斷除欲界修所斷惑的六品，還有下三品，需要到天上人間再受生一次，即可證悟阿羅漢果，不再輪迴。但這個一往來是從世俗諦而言，需要經歷一次生死旅程。在空性意義上，是不存在來去的，所謂的來去只是因緣假相而已。這樣的聖者就被稱為「斯陀含」。

「須菩提！於意云何？阿那含能作是念：我得阿那含果不？」佛陀問須菩提說：在你的認識中，三果聖者阿那含能不能認為，我得到了阿那含這樣一個果位？

「須菩提言：不也，世尊！何以故？阿那含名為不來，而實無不來，是故名阿那含。」須菩提尊者回答說：不能這樣認為，世尊。阿那含又名不來，因為他已斷盡欲界修惑，不需要再輪迴生死了。這個來與不來，也是從世俗諦而言。在空性層面，其實沒有來也沒有不來。因為來與不來都是相對的，只是顯現的因緣假相。這樣的聖者就被稱為「阿那含」。

「須菩提！於意云何？阿羅漢能作是念：我得阿羅漢道不？」佛陀進一步問須菩提說：在你的認識中，作為四果聖者的阿羅漢，他們能否認為，我已經得到了阿羅漢果？

「須菩提言：不也，世尊！何以故？實無有法名阿羅漢。」須菩提尊者回答說：不能這麼認為，世尊。為什麼呢？就空性而言，並沒有阿羅漢這樣一個身分。因為在空性的層面，佛和眾生是平等無別的，所謂「心、佛、眾生三無差別」，哪還有這樣那樣的身分？《金剛經》處處立足於空性說法，在勝義諦上，沒有須陀洹，沒有斯陀含，沒有阿那含，自然也沒有阿羅漢的存在。

「世尊！若阿羅漢作是念：我得阿羅漢道，即為著我、人、眾生、壽者。」須菩提尊者繼續向佛陀闡明他的認識：如果阿羅漢認為，我已經證悟阿羅漢果，說明他還有我相、人相、眾生相、壽者相，還是在有所得的狀態中，那就沒有真正證悟阿羅漢果。

從世俗諦而言，根據證悟空性的層次，會有初果乃至四果的區別。就像我們去測量大海的深度，可以說這個點是一百米、兩百米或五百米，這是我們安立的標誌。但從海洋本身來說，並沒有一百米、兩百米的名稱。再如我們把海域分為東海、南海、西海、北海，但大海本身也不存在東西南北的差別。

所有這些概念，都是人們為某種需要建立的。這些聖者的名稱，也是佛陀為說法度生的需要而安立的。在佛菩薩體認到的空性中，並沒有這些概念和差別。

「世尊！佛說我得無諍三昧，人中最為第一，是第一離欲阿羅漢。」無諍，不與任何眾生發生諍鬥，屬於慈悲的修行。離欲，即沒有煩惱。須菩提尊者又從自身修證繼續闡發：佛陀肯定了我的修行，認為我已證悟無諍三昧，這方面的境界達到人道中的第一，被稱為「第一離欲阿羅漢」。這是佛陀對須菩提的認可和贊許。

「我不作是念：我是離欲阿羅漢。」那須菩提尊者又是怎麼看待這個問題的呢？他向佛陀報告說：我不會認為，我就是離欲阿羅漢。離欲，即斷除所有的欲望和執著。阿羅漢是聲聞乘最高果位，一切漏盡。雖然如此，但離欲阿羅漢也是假名安立的。在勝義諦的層面，是沒有什麼離欲阿羅漢的。因為空性是無能所、無差別的。作為證悟聖果的須菩提尊者，不會認為還有什麼「我」，也不會認為「我是離欲阿羅漢」。

「世尊！我若作是念：我得阿羅漢道，世尊則不說須菩提是樂阿蘭那行者。以須菩提實無所行，而名須菩提是樂阿蘭那行。」樂阿蘭那，證悟無諍三昧。須菩提繼續向世尊報告說：如果我有這樣的想法，認為自己成就了阿羅漢果，就說明我還有執著，還有能所的對待。那麼，世尊就不會認可我是證悟無諍三昧的行者。正因為我已無所得，沒有證悟阿羅漢果的想法，世尊才認為，我是成就無諍三昧的人。

在這部分經文中，通過層層遞進的開顯，闡明空性是超越一切名言概念的。哪怕須陀洹、斯陀含、阿那含、阿羅漢這些聖者的果位，也是假名安立的。凡夫往往會執著身分為「我」，覺得我是教授、我是總裁、我是丈夫、我是妻子等等。其實這些身分都是因緣假相，而非實質的存在。但凡夫因為看不清真相，往往會在身分上生起我執，將身分和我建立強烈的捆綁關係，覺得「我」就是什麼。事實上，這種執著是代表迷妄的生命狀態。

這就涉及一個問題：聖賢證悟空性後，為什麼還要安立這些果位？須知，這只是佛菩薩為說法方便安立的，是為眾生指引的修行路標，讓我們遵循這些路標抵達終點。但路標不是路，如果執著於這些路標，是無法繼續前行的。所以佛陀和須菩提尊者一再強調，只要有「我是須陀洹」之類的想法，就說明此人還有我相乃至壽者相，還是心有所得，恰恰說明尚未證果。總之，四果的名稱都是因緣假相。在無所得的智慧中，是不存在這些差別的。

也許我們會覺得，這些內容似乎離現實很遙遠。不必說無上佛果，即使是聲聞初果，都是我們難望項背的。但我們要知道，佛陀反覆強調的核心，是引導我們破除執著。這是修行必須具備的認知。平時我們都處在意識層面，處在有造作的狀態，必須超越這一層面，才能契入無造作的狀態。三種般若中，觀照般若是有造作的，實相般若才是無造作的。通過觀照，可以培養內在的覺察力，屬於意識層面的修行。隨著觀照力的增強，煩惱會越來越弱，漸漸地，無造作的智慧就會開顯出來。

這個智慧不是外來的，也不是我們修出來的。如果成佛要修出來，那永遠都修不出來。因為有限不能成就無限，用造作的心也不可能修出無造作的智慧。但在修行過程中，我們還是離不開造作，還是要從有所得的心開始，然後在修觀照般若的過程中，逐漸開發實相般若。這是代表修行的兩個層面。

《金剛經》直指人心，處處立足於空性來闡發，一般人認識起來確實有些難度。前面說過，「諸佛依二諦為眾生說法，一者世俗諦，二者勝義諦」。在世俗諦的意義上，要修布施、持戒、忍辱、精進、禪定、般若，有眾生可度，有佛果可成。但在空性層面來說，這一切是了不可得的。

所以說，《金剛經》的三句式包含空有兩個層面，既要認識到空性、無所得，還要了解到緣起有。事實上，體認空性並不妨礙我們弘法利生，廣行佛事。只是我們在利益眾生的過程中，要明白這一切都是無所得的，才能做到「不住色生心，不住聲香味觸法生心」。否則的話，我們做到哪裡，就會執著到哪裡，雖然表面看起來在學佛，最後卻修出一個巨大的凡夫。

十三、如來的言教──無法可說

佛陀是娑婆世界的教主，他出現於此，出家、修行、證果，然後在恆河兩岸以音聲宣說法要，教化眾生。後經弟子們集結，留下三藏十二部經典。這些教法在世間的流傳，引領著一代又一代佛弟子走上解脫道和菩提道，並形成三大語系、各個宗派，流傳至今。作為今天的佛弟子，我們應該如何看待這些教法？

《金剛經》中，佛陀對此的說明是──無法可說。甚至提出，如果有人認為如來有所說法，即為謗佛。以常人的眼光看來，這簡直匪夷所思。佛陀一方面殷勤說法，一方面又否定這些說法，不是自相矛盾嗎？對於這樣一種觀點，我們又該如何理解？如果佛陀沒有說法，三藏從何而來？如果佛陀確實說過那麼多法，為什麼又親口否定？這麼做的意義究竟何在？我想，沒有一個其他宗教的教主會如此否定自己的言教。那麼，佛法的智慧和殊勝處究竟在哪裡？關於這一部分，我們主要從兩個方面來說明。

1．如來無有說法，法離言說

須菩提！於意云何，如來得阿耨多羅三藐三菩提耶？如來有所說法耶？

須菩提言：如我解佛所說義，無有定法名阿耨多羅三藐三菩提，亦無有定法如來可說。何以故？如來所說法，皆不可取，不可說，非法非非法。所以者何？一切賢聖皆以無為法而有差別。

（第七　無得無說分）

這段經文前面已經引過，是從無所得的角度來說，此處則是用來說明法離言說。

「須菩提！於意云何，如來得阿耨多羅三藐三菩提耶？如來有所說法耶？」佛陀問須菩提說：在你的認識中，如來得到阿耨多羅三藐三菩提了嗎？如來有所說法嗎？

「須菩提言：如我解佛所說義，無有定法名阿耨多羅三藐三菩提，亦無有定法如來可說。」須菩提不愧是解空第一的聖者，所以回答說：根據我理解的佛陀所說的法義，阿耨多羅三藐三菩提並不以特定形式存在，也沒有什麼特定的法是如來想要說的。

因為如來說法不是為了表達自己的什麼觀點，不像世人那樣，總要表達自己的想法。尤其是世間學術，特別強調個人創見，以此代表我們認識現象世界的獨到角度，所謂「橫看成嶺側成峰，遠近高低各不同」，似乎這才是對世界的特殊貢獻。但每個人都有自己的認知模式、生活經驗和見聞覺知，所以對世界的觀察結果也是不一樣的，甚至是矛盾對立的。如果執著這些充滿我執的知見，很容易引發衝突。但如來在說法時，並沒有這樣的立場，也沒有所謂的個人角度。

如來以空性慧證悟空性，成就無所得的智慧。在空性層面，不存在所謂的想法和觀點，更不會局限於個人立場。不僅如此，如來還成就了差別智，能從空出有，從體起用，在安住空性的同時，也看到一切緣起現象的差別，所以他對世界的觀察和認識是圓滿的。

如來觀察到眾生由無明煩惱和錯誤認識造成的種種痛苦，根據這些認識上的誤區及解脫煩惱的需要，說苦、空、無常、無我，說常樂我淨，說慈悲觀、數息觀等種種法門。如來演說種種教法，無非是隨著眾生的需要，針對眾生的問題而說。正如禪宗所說，如來說法就是「解黏去縛」——你的心黏著在對象上，被我法二執束縛，現在用相應方法將這些黏著解開。

對如來而言，不會執著於特定的觀點和看法。哪怕是無常、無我，也是有針對性的表述。有我執，所以要講無我。如果沒有我執，無我教法也是沒有意義的。有常見，所以才要說無常。如果沒有常見，無常教法也是沒有價值的。因為眾生對自性的執著，所以才說空，否則說空也是多餘的。

在緣起的層面，如來會針對眾生的種種問題而說法。但在如來的境界中，雖然說種種法，其實是說而不說的。他的心不會執著於「我在說法」，也不會執著於自己所說的觀點。常人說話時，往往特別在意對方是否尊重自己的觀點，這都屬於有所得的心。而如來的心時時安住於空性，雖然說法，但沒有我相、法相，在說的同時又心無所住。

無所住，也就是無所說。雖然無所說，一樣還是隨著眾生的需要，針對眾生的根機說種種法，就像「千江有水千江月」。只要江中有水，月亮就會映現。對月亮來說，並不是有心要在哪裡映現，一切都是無心的。如來說法也是同樣，如果我們執著無所說就是什麼都不說，又是偏空的認識，同樣是錯誤的。總之，如來雖然說，但同時又沒說——說而不說，就是「無有定法如來可說」的深意所在。

「何以故？如來所說法，皆不可取，不可說，非法非非法。」為什麼這麼說呢？如來開顯的這個法，是直接幫助我們體認空性。空性不是有的，也不是空的；不可以用有所得的心去修證，也不可以用語言來表達。對任何現象來說，名和實永遠是兩回事。唯識宗關於這個問題講得很清楚，或一名多物，或一物多名。名只是假名安立，就像我們說火或說水的時候，只是概念的火，概念的水。如果是事實上的火，一說火就會把嘴燒了。同樣，當我們口渴的時候，也不能因為一說水就解決問題了。

唯識宗講到假言自性和離言自性。所謂假言，就是名言；所謂離言，其實一切法本身都屬於離言。尤其是空性，是超越概念的。因為概念建立在影象基礎上，但空性是超越概念和影象的，超越二元對立的差別，不可以用語言去表達。這不僅超越語言，還超越思惟，即禪宗說的「一念未生前」。我們現在的思惟都是建立在念頭基礎上，而空性要在一念未生前去認識。在這個意義上，空性自然是不可說的。

「所以者何？一切賢聖皆以無為法而有差別。」為什麼這麼說呢？因為一切賢聖都是以對無為法的不同體認而有差別。

2．說法者無法可說

須菩提！汝勿謂如來作是念：我當有所說法。莫作是念，何以故？若人言如來有所說法，即為謗佛，不能解我所說故。須菩提！說法者，無法可說，是名說法。

爾時，慧命須菩提白佛言：世尊！頗有眾生於未來世，聞說是法生信心不？

佛言：須菩提！彼非眾生，非不眾生。何以故？須菩提！眾生眾生者，如來說非眾生，是名眾生。（第二十一　非說所說分）

第二十一分為「非說所說分」，告訴我們，佛陀雖然說法四十五年，談經三百餘會，其實卻無法可說。

「須菩提！汝勿謂如來作是念：我當有所說法。」佛陀明確告訴須菩提：你不要認為如來會有這樣的想法——我應該把自己領悟的佛法告訴大家。

「莫作是念，何以故？若人言如來有所說法，即為謗佛，不能解我所說故。」佛陀叮囑須菩提說：你不要有這樣的想法。為什麼呢？如果有人認為如來有所說法，就等於在誹謗佛陀。因為這是以凡夫的眼光看待佛陀，覺得佛陀也和凡夫一樣好為人師，會執著自己的某種觀點，或是通過傳播個人觀點、以思想征服他人為滿足。要知道，如來說法完全是為了利益眾生，並且是說而不說，不說而說，和凡夫以有所得的心表達想法完全不同。

「須菩提！說法者，無法可說，是名說法。」佛陀對須菩提總結說：所謂說法，其實是無法可說，這才是真正的說法。因為如來體證到，在空性層面一切都是無所得的，然後再根據眾生的需要隨緣而說。如果沒有體證空性，就會執著於自己的觀點，這些說法往往是片面的，不能根據眾生的根機隨類設教，也不能在說法後如雁過長空，不留痕跡。如果有所思、有所證、有所說，就是凡夫而非如來的境界了。

「爾時，慧命須菩提白佛言：世尊！頗有眾生於未來世，聞說是法生信心不？」慧命，對出家人的一種尊稱，即以慧為命。這時，慧命須菩提向佛陀請教說：世尊，未來是不是有眾生在聽聞如此甚深的金剛般若法門之後，能生起信心，還有能力接受呢？

「佛言：須菩提！彼非眾生，非不眾生。」佛陀告訴須菩提說：能對金剛般若法門生起信心的人，已經不是一般的凡夫眾生了，雖然他還顯現眾生的形象。前面說到，能對《金剛經》生起一念淨信者，「當知是人不於一佛、二佛、三四五佛而種善根，已於無量千萬佛所種諸善根」。這就說明，能對金剛般若法門生起信心，要具備深厚的福德資糧。這裡所說的信心特指一念淨信，而不是普通的信仰。所謂淨信，是建立在實證基礎上的，是體證空性後產生的信心。

「何以故？須菩提！眾生眾生者，如來說非眾生，是名眾生。」為什麼這樣說呢？剛才說到「彼非眾生，非不眾生」，佛陀擔心我們聽了之後，又對「眾生」生起執著，再次告誡我們：這個「眾生」也是因緣假相，和萬法的本質一樣，是無自性空的。所以如來說「非眾生」，只是安立眾生這個名稱而已。總之，不論諸佛還是眾生，不論世界還是萬法，都是從世俗諦的角度而言。相對眾生，說有佛，有菩薩，但在空性層面，並不存在任何差別。

這部分告訴我們，如來說法只是一種手段，而我們要證悟的空性是超越言教，超越語言概念的。《金剛經》揭示的這一思想意義重大。我們學佛前，已經建立了很多世間觀念，比如覺得什麼工作才是高雅的，什麼生活才是幸福的，什麼人生才是成功的，等等。學佛後，又會執著於佛法見地，比如要信仰三寶，要希求解脫，要相信苦、空、無常等。

這些見地對修行非常重要。沒有對三寶的信心，沒有追求解脫的願望，我們是無法走上學佛道路的。但由此也會形成相應的執著，覺得一定要怎樣修行，怎樣生活。在入門之初，我們需要藉助對佛法的好樂，從以往對世間的執著中走出來。但放下對世間的執著後，還要繼續放下對佛法的執著，否則這種執著同樣會成為證悟空性、成就解脫的障礙。

《金剛經》的高明之處就在於，不僅掃除了我們對世間的執著，同時也將我們對佛法見地的執著統統掃除。如來說自己「無法可說」，就是提醒我們，一切說法都是方便而非究竟，所謂「法尚應捨，何況非法」。如果沒有對空性的究竟體悟，是不可能有這種魄力和膽識的。唯有真正體悟到生命自身的圓滿，才能掃除外在一切支撐點。所以，佛陀的說法和無法可說並不矛盾。有所言說，是為了通過這些法，引導眾生走出凡夫心。接著還要掃除對法的依賴，否則就會有落腳點，有執著點，就無法體證空性。

3．佛陀言教只是入道的方便

汝等比丘，知我說法如筏喻者，法尚應捨，何況非法。（第六　正信稀有分）

第六分為「正信稀有分」。

「汝等比丘，知我所說法如筏喻者，法尚應捨，何況非法。」佛陀告訴大眾，我所說的法就像渡河的竹筏一樣。竹筏是幫助我們渡過生死此岸、駛向涅槃彼岸的工具，屬於方便手段，但不要把竹筏執為究竟。同樣，佛陀講無我，是為了幫助我們破除我執，但不是要我們執著無我；講無常，是為了幫助我們破除常見，但不是要我們執著無常。一切說法，都是為了幫助我們解除相應的煩惱，如果執著於此，就本末倒置了。從另一個方面來說，既然佛法都不可以執著，非法就更不能執著了。

在《指月錄》中，將經典比喻為「標月指」。我們需要通過指頭去認識月亮，但如果把手指執為目標，就會被它遮蔽，反而看不到月亮了。當我們認識到佛法只是工具和手段，就應該在使用工具後及時捨棄。

這裡所說的「筏喻」包含兩層意思。一方面，法是不可執著的；另一方面，法也是不能沒有的。因為我們還在生死此岸，還在強烈的串習中，如果不以法、以善知識為依止，不對三寶生起信心，而是覺得一切都無所得，無所謂，就無法抵達彼岸了。後只能一無所獲，那是凡夫意義上的「一無所獲」，而不是聖者的「無所得」。

我們還要知道，《金剛經》所說的「法尚應捨」是有特定對象的，是針對那些已經放下對世間執著，然後將執著轉移到佛法上的人。至於那些還活在強烈串習中的人，第一步尚未跨出，對法尚未建立起真正的信心，如果這時候捨棄法，最後執著的依然是世間法，那就和沒學佛的人完全一樣了。這是我們學習《金剛經》時特別要注意的。

十四、般若正觀

學習金剛般若法門，是為了幫助我們獲得中道正見。然後以這種智慧去觀察世界，觀察每個事物。在如理如法的觀察中修習觀照般若，進而成就實相般若。《金剛經》從發菩提心開始，講到無我相乃至無壽者相，還講到佛身是無相的，佛果是無所得的，如來是無法可說的……這些認知偏向空的一面。

所以，佛陀以一個特殊的三句式，引導我們契入中道智慧，完整地認識法，而不是偏向一邊。這個句式就是《金剛經》特有的「所謂……即非……是名……」，經中反覆出現。

莊嚴佛土者，即非莊嚴，是名莊嚴。（第十分）

佛說般若波羅蜜，即非般若波羅蜜。（第十三分）

諸微塵，如來說非微塵，是名微塵。（第十三分）

如來說世界，非世界，是名世界。（第十三分）

如來說三十二相，即是非相，是名三十二相。（第十三分）

是實相者，則是非相，是故如來說名實相。（第十四分）

如來說第一波羅蜜，即非第一波羅蜜，是名第一波羅蜜。（第十四分）

忍辱波羅蜜，如來說非忍辱波羅蜜。（第十四分）

所言一切法者，即非一切法，是故名一切法。（第十七分）

如來說人身長大，則為非大身，是名大身。（第十七分）

如來說諸心，皆為非心，是名為心。（第十八分）

如來說具足色身，即非具足色身，是名具足色身。（第二十分）

如來說諸相具足，即非具足，是名諸相具足。（第二十分）

眾生眾生者，如來說非眾生，是名眾生。（第二十一分）

所言善法者，如來說即非善法，是名善法。（第二十三分）

凡夫者，如來說則非凡夫。（第二十五分）

世尊說我見、人見、眾生見、壽者見，即非我見、人見、眾生見、壽者見，是名我見、人見、眾生見、壽者見。（第三十一分）

所言法相者，如來說即非法相，是名法相。（第三十一分）

除了三句式，《金剛經》還有兩句式，在提出後直接否定。而三句式是提出後予以否定，然後再加以肯定。關於三句式的深意，龍樹菩薩在《中論》中用這樣一個偈頌來解讀：「因緣所生法，我說即是空。」

不論採取什麼方式，佛陀都在引導我們認識中道智慧，學習用緣起法觀察世界。一旦明瞭諸法是緣起有，就能看到其中的畢竟空。這種空是當體即空，因為其中沒有不依賴條件的獨立存在。所以，緣起法必然是無自性的，即龍樹菩薩所說的「因緣所生法，我說即是空」。

中觀破除的正是自性見，而不是緣起法本身，是為「緣起性空」。一切存在只是因緣假相，所以，空和假是佛法對世間萬象的經典表述。空，是否定自性的存在。假，有時也會用「幻」，則是揭示常人對現象所認定的真實有和自性見。比如我們認為桌子是實在的，就會對此生起自性見。佛陀為了避免我們生起自性見，同時又避免我們陷入斷見和頑空，所以用一個「假」字來說明。

「假」字用得非常巧妙，不是沒有，也不是真實不變的有。《唯識三十論》開篇就是「由假說我法」，告訴我們，世間一切雖然都是因緣假相，但在世俗諦的意義上，這種假相不是沒有。尤其在凡夫眼中，它是很真實的。認識到自性的真空和緣起的假有，大有深意——只有否定自性，才能證悟空性。這個所謂的自性，是由迷惑認識建立的，並不是真實不變的存在。用唯識宗的比喻說，就像把繩子當作蛇。在我們的認識中，確實有一條「真實的蛇」，但事實上是根本不存在的。

唯識宗關於三性的認識，也在說明這一原理。我們對世界的認識包含兩個層面，一是事實的存在，一是顯現在我們認識上的影象。這個影象和事實並不是一回事，不僅有距離，有時還正相反。就像我們看某個人，覺得此人好或不好，都介入了我們的觀念和情緒。

我們會從審美角度賦予對象美或醜的分別；或從價值觀來判斷它有價值或沒價值；還會根據對象和自己的親近程度，貼上與我有關或與我無關的標籤，等等。這一切都是添加上去的，我們卻信以為真，將這種錯誤設定執以為實，認為它就是好看，就是有價值。

「即非」所要非的，不是緣起法本身，恰恰就是我們內心的設定，以及對這份設定的執著。包括我們對信仰對象的執著，對修行目標的執著。因為對修行產生的設定和執著，同樣會障礙解脫。但我們要知道，這並不是否定修行本身，也不是否定行菩薩道、成就佛果等等。從世俗諦上，這些是成立的，並且是修行的必經過程。但在空性層面，這些都是了不可得的。

從中觀來說，諸佛依二諦為眾生說法，一者世俗諦，二者勝義諦。「即非」是從勝義來說，從空性來說；「是名」則是從俗諦來說，從顯現來說。在勝義上說沒有，說無所得，是為了否定我們的自性見，從而證悟空性，成就無所得的智慧。這個智慧是超越空和有的。在看到有的同時，能夠看到空；看到空的同時，能夠看到有。是為當體即空，空有不二。

般若思想在魏晉南北朝傳入中國，當時正是玄學盛行的時代。般若法門闡述的空，不僅在佛教界產生了很大影響，文人士大夫們也趨之若鶩，使般若學盛行一時，出現了六家七宗的盛況。但國人能夠正確理解般若思想，還應歸功於鳩摩羅什。

當年，姚秦國王崇信佛法，把鳩摩羅什從西域請來，還在西安草堂寺為他成立譯經團體，網羅了很多出色的人才。其中最著名的就是僧肇，被鳩摩羅什稱為「秦人解空第一」。

僧肇曾撰寫《肇論》，是解說空性的著名論典。第一部分是「**物不遷論**」，幫助我們看到的一切變化，當下就是不變化的。因為沒有自性，所以變化也沒有實質性的變化。這就是《心經》所說的不生不滅——生滅的當下，就是不生不滅。

第二部分是「**不真空論**」，說明一切緣起現象都不是真實的存在，只是因緣假相而已，當下就是空的。

第三部分是「**般若無知論**」，但這個「無知」不是「不知」，而是「無所不知」。般若的知超越我們狹隘的妄知，是遍及一切的，就像佛陀的正遍知那樣。

第四部分是「**涅槃無名論**」，是對涅槃的論證。如果我們對般若思想有興趣，可以去看看這些論典。

在中國佛教史上，三論宗就是根據鳩摩羅什翻譯的《中論》、《十二門論》和《百論》成立的，並繼承了中觀破而不立的風格。三論宗有位集大成的祖師叫吉藏，他曾就空有問題提出四重二諦之說。

第一重，說緣起有是代表俗諦，無自性空是代表真諦。如果有人落入有或空的執著，吉藏法師就拋出第二重，說有和空都是俗諦，非有非空才是真諦。既不能說它是有，也不能說它是空，認為有或認為空都是片面的。如果有人對非有非空產生執著，再拋出第三重，說有空為二，非有非空為不二，二和不二都是俗諦，非二非不二才是真諦。如果有人陷入思辨的執著，最後再拋出第四重，所有一切語言思惟都是俗諦，言語道斷、心行處滅才是真諦。總之，層層掃蕩，不著一相。

《金剛經》的三句式，作用也是掃除我們的偏執。從有的層面來說，是掃除我執和法執，所以說「不應著我相、人相、眾生相、壽者相，不應著法相，不應著非法相」。這是針對眾生在緣起法上生起我法二執的情況，告訴我們，一切法都是無自性空的。這個空，要空的不是緣起現象。緣起現象本來就是無自性空的，不需要多此一舉。真正要空的，是我們在緣起現象上安立的我執和法執。這些執著本是虛妄的，凡夫卻因為執著，總是為其所傷。

所以，說空是為了破除對有的執著。如果反過來，陷入對空的執著，出現虛無主義的傾向，對緣起因果不當作一回事，最後就可能無所不為。這種頑空非常可怕，甚至比執有更為可怕。所以，空也要破除。在認識到無自性空的同時，看到緣起有，才能趨於中道，既不著空，也不著有。

正如《中論》所說：「不生亦不滅，不常亦不斷，不一亦不異，不來亦不出。能說是因緣，善滅諸戲論。」生滅、常斷、一異、來去這些現象是否存在？以緣起的智慧觀察，這些都是因緣假相，凡夫卻落入自性見中，執著有我有法。所以中觀真正要破的是自性見，只有這樣，我們才能透過緣起，看到諸法實相。

《金剛經》是要掃除我們在見地上產生的偏執，每講一個問題，都會以般若正見掃除一下，讓我們無從執著。比如說到波羅蜜，佛陀擔心我們會執著波羅蜜，所以說「即非波羅蜜」——波羅蜜乃假名安立，當下就是空的，無自性的。但這些假相並不是沒有，所以「是名波羅蜜」。以此類推，莊嚴佛土乃至如來三十二相也是同樣，都是了不可得的。實相的本身是超越一切相的。我們現在講實相，或者把它叫作勝義，叫作真如，叫作第一波羅蜜，其實都是假名安立、相對而言的。其本質是無自性的，超越一切對待。

為什麼我們始終認識不到空性？其實和錯誤認識有關。如果帶著自己的設定看世界，就會因為這份設定和執著產生煩惱。佛陀在《金剛經》所說的一切，都是告訴我們，對待每個問題都要以空性慧觀照。只要去掉這些錯誤執著和設定，每個當下都可以契入空性。

所以，三句式可以在生活的每個當下運用。首先了解其中蘊含的深意，然後以般若智慧看待每個問題，遠離偏見和執著。這正是生死輪迴的根本。中道的中，不是折中，而是不偏不倚的「正道」，也是一種如實之道。佛法非常重視如實智，即認識真相的智慧。包括生命的真相，世界的真相。無論解脫道還是菩提道，都是在認識真相的基礎上，依實相建立修行法門。

十五、應無所住而生其心

在中道正見的基礎上，《金剛經》提出「應無所住而生其心」，即無住的修行。《六祖壇經》的三大修行要領，是「無念為宗，無相為體，無住為本」。體認到無念、無相的心體，目的是為了生起無住的心，成就無住的修行。這也是本經與其他法門的不同所在。

凡夫心的特點是有所住，安住於貪嗔痴，安住於五欲六塵。所以，通常的法門是讓我們選擇一種善所緣，使散亂的心得以安住，並取代原有的不善所緣。最後再把這個善所緣打掉，是一步步進行的。

比如人天乘修行有六念，分別是念佛、念法、念僧、念戒、念施、念天。這是學佛者的基本心行，也是人天乘修行安住的善所緣。解脫道修行宣導四念住，即觀身不淨，觀受是苦，觀心無常，觀法無我。佛陀入滅時，也鼓勵弟子依四念處而住，以此出離輪迴，成就解脫。這些都屬於有所住的修行，用取代法，從不善的所緣轉向善所緣。

而《金剛經》的修行直接就提出無所住。可能有人會覺得困惑：無所住，又怎麼安住呢？佛教的禪修也有兩種類型，一是有所止，二是無所止。通常的禪修是有所止，選擇一個善所緣作為心安住的對象，或是心工作的地方。而無所止的禪修是讓心從所緣中跳出，導向空性的修行。

《金剛經》教導的，正是這樣一種無所止的修行。所以，「應無所住而生其心」八個字，就是本經的修行要領。如「菩薩不住色布施，不住聲香味觸法布施」等，講的都是無住生心。其中不僅體現了菩薩的悲心，更體現了菩薩的智慧。因為有大智慧，才能心無所住。這是心的一種能力，由見和行而來。

凡夫心是有所得的，而聖賢成就的是無所得的智慧。以有所得之心，要做到心無所住，簡直比登天還難。因為有所得的心是有黏著的，需要支撐點，這就很容易對支撐點產生執著。只有無所得的心才不需要支撐點，才能真正做到心無所住，並應眾生的需要生起各種妙用。關於「應無所住而生其心」，我們引了兩段經文。

佛告須菩提：於意云何？如來昔在燃燈佛所，於法有所得不？不也，世尊！如來在燃燈佛所，於法實無所得。

須菩提！於意云何？菩薩莊嚴佛土不？

不也，世尊！何以故？莊嚴佛土者，即非莊嚴，是名莊嚴。

是故，須菩提！諸菩薩摩訶薩應如是生清淨心，不應住色生心，不應住聲香味觸法生心，應無所住而生其心。（第十　莊嚴淨土分）

第十分為「莊嚴淨土分」。

「佛告須菩提：於意云何？如來昔在燃燈佛所，於法有所得不？」佛陀問須菩提說：就你的認識來看，如來過去在燃燈佛座下修行，得到燃燈佛的授記，是否覺得自己得到了什麼修行結果？成就了什麼修行境界？

「不也，世尊！如來在燃燈佛所，於法實無所得。」須菩提尊者回答說：不是這樣的，世尊。如來當年在燃燈佛座下修行，並沒有認為自己得到了什麼實實在在、可以標榜的結果。因為他成就的是無所得的智慧，怎麼還會認為自己有所得，或是有什麼結果呢？佛陀在此提醒我們，即使成佛這樣至高無上的境界都是無所得的，難道還需要對其他事生起有所得之心嗎？

「須菩提！於意云何？菩薩莊嚴佛土不？」佛陀又問須菩提說：就你的認識來看，菩薩有沒有覺得我在莊嚴佛土呢？比如世間人往往會覺得，這個社會、城市乃至國家，因為我的努力得到很大改變。對於那些以利益眾生為己任的菩薩來說，會不會有這樣的想法呢？

「不也，世尊！何以故？莊嚴佛土者，即非莊嚴，是名莊嚴。」須菩提尊者回答說，不是這樣的，世尊。為什麼這麼說？所謂的莊嚴佛土，也是因緣假相而已，從實質上說是了不可得的。因為莊嚴佛土的本質就是空性，所以當菩薩體認到空性並安住於此，就沒有莊嚴和不莊嚴的分別。當然，這個行為從世俗諦說是有的，此為「是名莊嚴」。三句式很有意思，一方面要領會到空性，知道莊嚴國土了不可得；另一方面又要從緣起層面看到莊嚴國土的意義，能從慈悲心出發，廣泛利益一切眾生。這樣的菩薩，既不會落入空的執著，也不會陷入有的執著。因為慈悲，所以能廣泛莊嚴國土，利益眾生；因為智慧，又能在利他過程中心無所住。

「是故，須菩提！諸菩薩摩訶薩應如是生清淨心，不應住色生心，不應住聲香味觸法生心，應無所住而生其心。」佛陀對須菩提的回答表示認可，進一步總結說：諸大菩薩在行菩薩道的過程中，要生起這樣的清淨心。了解到一切事物都是因緣假相，其本質都是空性，不再陷入對色相的執著，也不陷入對聲、香、味、觸、法的執著，而應該體認到無所得的智慧。在心無所住的狀態下，應眾生的需要隨類化現，有求必應。

那麼對凡夫來說，能不能做到心無所住呢？既然我們現在是有所得的心，正常情況下，是很難一下子做到無住的。修習般若法門，要不斷運用「所謂、即非、是名」的中道正見，以此思惟並看待一切現象，指導修行。看到每個人、每件事，都能了解到它是空的，無自性的，其存在只是因緣假相，如夢如幻。經常這樣觀照的時候，執著就會隨之鬆動。

我們還要這樣審視修行的每個過程。包括我們的信仰對象、修行目標，也是依世俗諦建立的，空性本身是超越這一切的。如果我們內心對目標還有執著，恰恰是妄想所致，是證悟空性的最大阻礙。所以，我們要以般若智慧掃蕩內心的一切支撐點。當內心不需要支撐也能自足時，才能真正心無所住，解脫自在。就像《心經》所說：「無智亦無得，以無所得故，菩提薩埵依般若波羅蜜多故，心無掛礙。

無掛礙故，無有恐怖，遠離顛倒夢想，究竟涅槃。」因為成就了無所得的智慧，所以就沒有掛礙、恐怖、顛倒夢想，最終成就涅槃。

是故，須菩提！菩薩應離一切相，發阿耨多羅三藐三菩提心。不應住色生心，不應住聲香味觸法生心，應生無所住心。若心有住，則為非住。是故佛說：菩薩心不應住色布施。須菩提！菩薩為利益一切眾生，應如是布施。如來說：一切諸相，即是非相。又說：一切眾生，即非眾生。須菩提！如來是真語者、實語者、如語者、不誑語者、不異語者。須菩提！如來所得法，此法無實無虛。須菩提！若菩薩心住於法而行布施，如人入暗，則無所見。若菩薩心不住法而行布施，如人有目，日光明照，見種種色。須菩提！當來之世，若有善男子、善女人，能於此經受持讀誦，則為如來以佛智慧，悉知是人，悉見是人，皆得成就無量無邊功德。（第十四 離相寂滅分）

第十四分為「離相寂滅分」，佛陀為須菩提尊者詳細開示，究竟什麼是「心無所住」。「是故，須菩提！菩薩應離一切相，發阿耨多羅三藐三菩提心。」佛陀告誡須菩提說：菩薩應該遠離一切相，不住於一切相，才能發阿耨多羅三藐三菩提心。所謂一切相，就是對我的執著，對法的執著，對目標的執著。這個標準很高，不是一般菩薩能做到的。

菩提心有世俗菩提心和勝義菩提心之分。先要發世俗菩提心，即「我要成就無上菩提，要利益一切眾生」的崇高願望。然後不斷思惟菩提心的功德，不斷提醒自己，以此願心作為生命目標。這個過程是有相的，甚至要帶有一定的執著，否則多數人是修不起來的。

因為凡夫都活在強烈的串習中，必須藉助一些支點，才能從串習的泥沼中脫身。比如反覆思惟學佛對人生的意義，思惟輪迴的過患，思惟三惡道的痛苦，才能抵禦凡夫心，使願菩提心不斷增強。而《金剛經》是直指空性的修行，它的發心是從勝義菩提心入手。既要發菩提心，又要超越對一切相的執著。在體認到無相、無所得的心行基礎上，生起無緣大慈，同體大悲，進而上求佛道，下化眾生。雖然有這種願望和行為，又能在做的過程中心無所住。

「不應住色生心，不應住聲香味觸法生心，應生無所住心。」按《金剛經》的要求，菩薩在發菩提心、行菩薩行的過程中，不能於色聲香味觸法六塵生心，不住於色塵乃至法塵，所謂三空頓斷，能所雙亡。三空頓斷，就是心不落入我相、法相、空相；能所雙亡，就是沒有能動的我，也沒有作為對象的我所。只有這樣，才能「應無所住而生其心」。

「若心有住，則為非住。」只要心有所住，或住於我相，或住於眾生相，都不是正確的安住。因為心有所住的話，就會陷入對所緣境的執著，陷入能和所的二元對立，內在的空性智慧就會被遮蔽，不能平等利益一切眾生。《金剛經》開篇，須菩提尊者就請教佛陀說：「發阿耨多羅三藐三菩提心者，應云何住？云何降伏其心？」而佛陀一系列開示的核心就是「應無所住」。

因為無所住，才能降伏其心。我們之所以有種種煩惱，都和執著有關。所以有住即是非住，是錯誤的，只有「應無所住而生其心」才能契入。但我們要知道，這是《金剛經》的修行理路。如果在聲聞乘的修行上，四念住是有所住的，六念法門也是有所住的，不是所有的「住」都是錯誤的。

「是故佛說：菩薩心不應住色布施。須菩提！菩薩為利益一切眾生，應如是布施。」所以佛陀對須菩提開示說：菩薩不應該住於色相而修布施，也不應該住於能施的我相、受施的眾生相，以及布施相等。那菩薩應該以什麼心布施呢？這裡指出了關鍵所在：菩薩修布施時只有一種心——利益眾生的心。其心理基礎就是大慈大悲，同時還蘊含著智慧觀照，這樣才能心無所住。凡夫修布施時也會有慈悲心，但往往夾雜著我執我見，所以在做的過程中患得患失，導致種種困擾。而菩薩修布施時，只是想著利益眾生。不僅如此，還不被眾生相所困擾，不論做多少，依然保有無所得之心。

「如來說：一切諸相，即是非相。」如來說，我們看到的一切現象，其本質都是無自性空的，是超越一切相而又不離一切相的。我們需要從一切相去認識它的實相。所謂實相，其實就是非相，即不以任何相的方式存在。

「又說：一切眾生，即非眾生。」如來又說：一切眾生也是因緣假相，其本質是空的，無自性的。《金剛經》反覆強調這樣一種認識，就是為了幫助我們去除執著，把心和所緣對象解綁。凡夫為什麼心有所住？就是在看到一切相的時候，會賦予它價值、審美的評判，進而執著於此，產生煩惱。想斷除煩惱，就要從源頭解決問題，認識到一切相乃至一切眾生，都是因緣假相，是了不可得的。

「須菩提！如來是真語者、實語者、如語者、不誑語者、不異語者。」以凡夫的顛倒知見，很難對《金剛經》的甚深義理生起信解。為了讓眾生，包括我們這些後世學佛者生起信心，佛陀特別對須菩提強調說：如來是說真話的，說實話的，所說的一切都和事實相符，不會欺騙眾生，也不會自相矛盾。真語者的另一層意思，是如來已證悟實相，所說都是如實智的自然流露。佛陀這麼說不是為了自誇，而是為了讓眾生生起信心。不要因為如來所說與我們的現有認識相違就產生疑惑，因為如來是值得信賴的，他說過的每一句話，無不來自他的親證，無不是如理如法的。

「須菩提！如來所得法，此法無實無虛。」佛陀接著告訴須菩提：無住的修行究竟有什麼意義。如來證悟的阿耨多羅三藐三菩提，雖然實無所得，但不同於常人所說的「什麼都沒有」。因為如來成就的是無所得，如果還有所得，就等於沒有成就——「無得故有得，有得故無得」，這是無所得與有所得的辯證關係。所以如來證悟的法，既不是實的，也不是虛的；既不是空的，也不是有的；既不是常的，也不是斷的。總之，是遠離二邊的中道實相。

「須菩提！若菩薩心住於法而行布施，如人入暗，則無所見。」佛陀又以比喻為須菩提開示說：如果菩薩心有所住，住於我相、法相、眾生相來修布施，就像一個人進入伸手不見五指的黑暗中，將看不到內在的智慧光明。一切眾生本有慧光朗照，所謂「靈光獨耀，迥脫根塵」。

禪宗祖師說，「汝等諸人，六根門頭晝夜放大光明，照破山河大地。」在我們的六根門頭，時時都有覺性放光。這種光芒是始終如一的。就像不論陰晴雨雪，太陽始終都在那裡，只是我們有時看不到而已。當心無所住，就像太陽沒被雲彩遮蔽，朗照天際；而心有所住時，則會不同程度地被遮蔽，甚至暗無天日，不能如實看到世間真相。

「若菩薩心不住法而行布施，如人有目，日光明照，見種種色。」這個比喻的另一部分是：如果菩薩心不住法而修布施，就像一個人有明亮的雙眼，而且在陽光照耀下，沒有絲毫遮擋，就能了了分明地觀照一切。

「須菩提！當來之世，若有善男子、善女人，能於此經受持讀誦，則為如來以佛智慧，悉知是人，悉見是人，皆得成就無量無邊功德。」在開示無住生心的修行要領後，佛陀為須菩提闡述了受持本經的殊勝功德：在未來世，如果有善男子、善女人能受持讀誦《金剛經》，接受其中的法義並加以實踐，那麼如來以智慧觀察，可以清楚地了知，這些人將成就無量無邊的功德。

《金剛經》確實非常殊勝，非常透徹。這樣一種空性的修行，只要方法正確，也是可以修起來的。首先是確立中道正見，在生活中，對每個境界都能作「所謂、即非、是名」的般若正觀。在觀察過程中，對所緣對象的執著將逐漸減少。然後再作相關的空性禪修，獲得無相、無住、無所得的能力。進而安住在這種狀態，廣修一切善行。

十六、般若法門的殊勝

《金剛經》中，佛陀反覆強調了無相、無所得的觀念。有些人聽聞後容易偏空，覺得既然都是空、無相、無所得，那學和不學、修和不修也就沒有區別了。佛陀為了避免我們落入這種錯誤認識，在強調無所得的同時，也再三讚歎受持《金剛經》的功德。經中通過校量功德的方式，讓我們了解到，對無相、無所得的體認，能夠成就無量功德。

1．與三千大千世界七寶布施校量

須菩提！於意云何？若人滿三千大千世界七寶以用布施，是人所得福德，寧為多不？

須菩提言：甚多，世尊！何以故？是福德即非福德性，是故如來說福德多。

若復有人於此經中受持，乃至四句偈等，為他人說，其福勝彼。何以故？須菩提！一切諸佛，

及諸佛阿耨多羅三藐三菩提法，皆從此經出。須菩提！所謂佛法者，即非佛法。（第八　依法出生分）

第八「依法出生分」，是以三千大千世界七寶布施校量。

「須菩提！於意云何？若人滿三千大千世界七寶以用布施，是人所得福德，寧為多不？」佛陀問須菩提說：在你的認識中，如果有人以裝滿三千大千世界的七寶布施，此人獲得的福報多嗎？三千大千世界是什麼概念呢？在佛教中，一個太陽系相當於一個小世界；一千個太陽系為一個小千世界；一千個小千世界為中千世界；一千個中千世界為大千世界。三千大千世界就是由小千、中千、大千世界組成，是一個難以想像的巨大空間。七寶，各種經典記載略有差異，主要有金、銀、琉璃、玻璃、珊瑚、瑪瑙、硨磲等，總之是世所罕見的奇珍異寶。在三千大千世界那麼大的空間中，裝滿各種珍寶，而且都用來布施，這樣的功德有多大？

「須菩提言：甚多，世尊！何以故？是福德即非福德性，是故如來說福德多。」須菩提尊者回答說：這一布施的功德實在多到難以計數。為什麼這麼說呢？其實說到福德很多，也不必執著。因為福德是緣起法，其本質是空的。當我們以不著相的心看待福德，有限的福德就會成為無限，這才是真正的多。因為執著就是一種設定，有設定就是有限，而再多的有限只是有限而已。只有撤除設定，認識到福德無自性，才能成就無量無邊的福德。

「若復有人於此經中受持，乃至四句偈等，為他人說，其福勝彼。」受持，對法義體認性的實踐。四句偈，並不是特指哪個偈頌，可以是「一切有為法，如夢幻泡影，如露亦如電，應作如是觀」，也可以是「若以色見我，以音聲求我，是人行邪道，不能見如來」，指法義的精華。佛陀接著對須菩提說：

如果有人能受持《金剛經》，哪怕僅僅受持其中的四句偈，並且為他人宣說、開示，那麼他所招感的功德，將超過以三千大千世界七寶布施的福德。因為七寶布施招感的只是福德，是外在的，有漏的，而受持《金剛經》能使我們開智慧、斷煩惱，世間還有什麼比這更有價值的呢？

「何以故？須菩提！一切諸佛及諸佛阿耨多羅三藐三菩提法，皆從此經出。」為什麼這麼說呢？為什麼受持讀誦《金剛經》的功德會這麼大呢？因為一切諸佛，及諸佛所成就的阿耨多羅三藐三菩提法，都是從《金剛經》宣說的般若法門中出生的。佛教中，將般若稱為佛母，即諸佛之母。《心經》也說，「三世諸佛依般若波羅蜜多故，得阿耨多羅三藐三菩提。」三世諸佛之所以能成就菩提，都是因為體認到生命內在的般若智慧。這裡所說的「此經」，狹義上指《金剛經》，但從廣義上，指一切能開發般若智慧、導向無上覺悟的經典。

「須菩提！所謂佛法者，即非佛法。」說到《金剛經》的殊勝，可能有人會對般若法門生起執著，反而忽略這個法門指向的目標。佛陀為了破除我們的執著，進一步提醒說：所謂佛法，從教法本身來說也是緣起法，是無自性空的。我們要關心它所揭示的智慧，而不是它的表現形式。

這是《金剛經》的第一輪校量。以滿三千大千世界七寶布施的功德，和「於此經中受持，乃至四句偈等，為他人說」的功德對比，說明依教奉行和弘揚佛法的功德。

2．與恆河沙等三千大千世界七寶布施校量

須菩提！如恆河中所有沙數，如是沙等恆河，於意云何？是諸恆河沙寧為多不？

須菩提言：甚多，世尊！但諸恆河尚多無數，何況其沙。

須菩提！我今實言告汝：若有善男子、善女人，以七寶滿爾所恆河沙數三千大千世界，以用布施，得福多不？

須菩提言：甚多，世尊！

佛告須菩提：若善男子、善女人於此經中，乃至受持四句偈等，為他人說，而此福德勝前福德。（第十一　無為福勝分）

第十一分為「無為福勝分」，還是校量功德。前一段是以滿三千大千世界的七寶布施校量，此處則是以恆河沙等三千大千世界七寶布施校量。也就是說，從原來的三千大千世界，一下子升級到恆河沙那麼多倍。

「須菩提！如恆河中所有沙數，如是沙等恆河，於意云何？是諸恆河沙寧為多不？」佛陀問須菩提說：就像恆河中所有沙那麼多的數量，每一粒沙又相當於一條恆河，有多少沙，就有多少恆河。然後是恆河沙那麼多恆河中所有沙的總量，你覺得如何，是不是可以算很多？

「須菩提言：甚多，世尊！但諸恆河尚多無數，何況其沙。」須菩提尊者回答說：實在是太多了。因為每粒沙相當於一條恆河，那僅僅恆河的數量已經數不勝數，何況其中的沙呢？我們知道，恆河沙又白又細，僅一條恆河中，沙的數量已經難以計算。更何況，這裡說的不是一條恆河，而是恆河沙數恆河中所有的沙。

「須菩提！我今實言告汝：若有善男子、善女人，以七寶滿爾所恆河沙數三千大千世界，以用布施，得福多不？」佛陀對須菩提說：我現在實話告訴你，如果有善男子善女人，用裝滿恆河沙數這麼多的三千大千世界的七寶來布施，由此感得的福報多嗎？三千大千世界的七寶已經難以想像了，而恆河沙數恆河中所有沙那麼多的三千大千世界，還要在這麼多世界中裝滿七寶，實在無法用語言來形容。

「須菩提言：甚多，世尊！」因為這個數字實在巨大，所以須菩提尊者也只能說：很多啊，世尊，實在非常多。

「佛告須菩提：若善男子、善女人於此經中，乃至受持四句偈等，為他人說，而此福德勝前福德。」佛陀再次告訴須菩提說：如果有善男子、善女人，對於《金剛經》的內容，哪怕僅僅受持其中四句偈，並且為他人宣說，讓人通過經中開顯的義理契入空性，那麼他所招感的功德，將超過以七寶布施的福德。這不是普通的七寶，而是前面所說的，裝滿恆河沙等恆河中所有沙數的三千大千世界的七寶。簡單地說，就是無量無邊的七寶。

大家有沒有辦法接受這樣的思想？對我們來說，受持《金剛經》的四句偈，似乎非常容易。平時也有很多人以讀誦《金剛經》作為日常定課，那麼，它的功德真有那麼大嗎？關於這個問題，要從兩方面去理解。一方面，受持、讀誦、演說《金剛經》，能幫助我們開智慧，斷煩惱，究竟解除生命中的迷惑和痛苦，意義不同尋常。另一方面，七寶布施招感的福報是有漏的，只能改善我們的生活條件而非生命品質，哪怕得到再多，也比不上無漏智慧的成就。知道這個道理後，我們才能認識到受持《金剛經》的意義所在。

對我們自己是如此，對別人也是如此。在生活中，我們可以給別人經濟幫助，但這種幫助只能暫時解決他的生活問題，有時還會帶來一些副作用，滋長依賴、貪婪、懶惰等心理。但如果我們引導對方認清世界真相，找到人生的目標和意義，就能在根本上提升他的生命品質。所以有相的財布施並不究竟，無相的法布施才是究竟而圓滿的，二者的意義不可同日而語。當然，這裡「受持讀誦」並不是泛泛地讀一讀，那樣做的作用確實有限。關鍵在於契入空性，依教奉行，在一切時一切處都能無住生心，無我利他。這才是《金剛經》所說的「受持」，才能招感無量功德。

3．與恆河沙等身命布施校量

須菩提！若有善男子、善女人，以恆河沙等身命布施。若復有人於此經中，乃至受持四句偈等，為他人說，其福甚多。（第十三　如法受持分）

第十三分為「如法受持分」。在探討可否以三十二相見如來的問題後，佛陀以身命布施和受持《金剛經》的功德進行校量。所謂身命布施，即佛教所說的內財布施，是以自己今生唯一的、不可複製的色身作為布施。

「須菩提！若有善男子、善女人，以恆河沙等身命布施。」佛陀對須菩提說：如果有善男子、善女人，以恆河沙那麼多的身命布施，由此招感的功德自然比之前的七寶布施更勝一籌。因為七寶只是外財，雖然可貴，但可以「千金散盡還復來」，和今生唯一的色身相比，還是微不足道的。相應的，身命布施感得的福報也就更大。

「若復有人於此經中，乃至受持四句偈等，為他人說，其福甚多。」但如果有人能受持、讀誦《金剛經》，哪怕只是其中的四句偈，並且為他人宣說，引導他人依此經修行證道，那麼他招感的功德將超過以身命布施的福報。

也就是說，不論外在的財富布施，還是內在的身命布施，都比不上受持《金剛經》的功德。因為這樣才能究竟地開智慧、斷煩惱，解決生命問題。

4．與每日三次恆河沙等身布施校量

須菩提！若有善男子、善女人，初日分以恆河沙等身布施，中日分復以恆河沙等身布施，後日分亦以恆河沙等身布施，如是無量百千萬億劫以身布施。若復有人聞此經典，信心不逆，其福勝彼，何況書寫、受持、讀誦、為人解說。

須菩提！以要言之，是經有不可思議、不可稱量無邊功德。如來為發大乘者說，為發最上乘者說。若有人能受持讀誦，廣為人說。如來悉知是人，悉見是人，皆得成就不可量、不可稱、無有邊、不可思議功德。如是人等，則為荷擔如來阿耨多羅三藐三菩提。何以故？須菩提！若樂小法者，著我見、人見、眾生見、壽者見，則於此經不能聽受讀誦，為人解說。

須菩提！在在處處，若有此經，一切世間天、人、阿修羅所應供養。當知此處則為是塔，皆應恭敬，作禮圍繞，以諸華香而散其處。（第十五　持經功德分）

第十五分為「持經功德分」。《金剛經》的校量功德是不斷升級的，比如七寶布施，從三千大千世界七寶布施，到恆河沙等世界七寶布施。然後升級到恆河沙等身命布施，接著是數量上的升級，不是布施一次，而是每日三次以身命布施，進而是無量百千萬億劫以身命布施。

「須菩提！若有善男子、善女人，初日分以恆河沙等身布施，中日分復以恆河沙等身布施，後日分亦以恆河沙等身布施，如是無量百千萬億劫以身布施。」印度人將一天分成晝夜六時，白天有初中後三時，初時為六點到十點，中時為十點到兩點，後時為兩點到六點。佛陀對須菩提說：如果有善男子、善女人，每天初時以恆河沙等身命布施，中時同樣以恆河沙等身命布施，後時還是以恆河沙等身命布施。當然這只是比喻，用來形容他布施之心的廣大和堅定。這麼做，不是一天兩天，不是一年兩年，而是長達無量百千萬億劫都堅持不懈。由此招感的福德自然無量無邊，不可窮盡。

「若復有人聞此經典，信心不逆，其福勝彼，何況書寫、受持、讀誦、為人解說。」如果有人聽聞《金剛經》之後，能生起堅定不移的信心，沒有任何懷疑和不接納，那麼他所招感的功德，將超過每日三次以恆河沙等身命布施的福報。僅僅生起信心就有如此功德，何況是抄寫、讀誦、依教奉行、為他人演說，更是功德無量。因為這是在自利的同時，進一步利益他人；在自己覺悟的同時，進一步覺悟他人。

「須菩提！以要言之，是經有不可思議、不可稱量無邊功德。如來為發大乘者說，為發最上乘者說。」通過之前一系列的校量，佛陀就受持讀誦本經的功德，對須菩提作了總結性的開示：總而言之，《金剛經》具有我們難以想像的無量功德。這部經典是如來為大乘根機者所說，而且是為福德最深、根機最利的最上乘者所說。從所攝根機來看，金剛般若法門的確起點很高，難度很大。如果不是善根極其深厚，很難對這樣一部經典真正生起信心，信受奉行。

「若有人能受持讀誦，廣為人說。如來悉知是人，悉見是人，皆得成就不可量、不可稱、無有邊、不可思議功德。」如果有人能對《金剛經》生起淨信，受持、讀誦此經，並且廣泛地為人宣說，讓人了解其中深意。如來以無量智慧完整地了知並看到，這些人都將成就難以計算、無邊無際、不可思議的功德。因為他所成就的是無漏功德，從數量來說是無量無邊的，從層次來說是至高無上的。而前面所說的七寶布施、身命布施，都是有限而有漏的。當然，如果我們以菩提心、無所得之心行七寶和身命布施，同樣能成就無限、無漏的功德。但這種功德的成就，也離不開受持讀誦《金剛經》。只有在般若智慧的引導下，我們才能發起勝義菩提心，廣修布施，莊嚴國土，並在利他過程中保有空性正見，而不是落入事相。

「如是人等，則為荷擔如來阿耨多羅三藐三菩提。何以故？須菩提！若樂小法者，著我見、人見、眾生見、壽者見，則於此經不能聽受讀誦，為人解說。」佛陀接著開示說：能夠受持讀誦此經、實踐般若法門的人，才有能力體認無上菩提。為什麼這麼說？如果住於人天善法或聲聞教法，執著我見、人見、眾生見、壽者見，其實是沒能力受持《金剛經》並為人解說的。因為他們的根機不夠，與如此甚深的法門不能相應，也無法接受。顯然，本經所說的受持讀誦，和通常所說的誦經不同。如果只是平常地念一念，是無法招感這麼多功德的。

「須菩提！在在處處，若有此經，一切世間天、人、阿修羅所應供養。當知此處則為是塔，皆應恭敬，作禮圍繞，以諸華香而散其處。」佛陀對須菩提說：在任何一個地方，只要有《金剛經》，或是有人實踐金剛般若法門，那麼一切天道、人道、阿修羅道的眾生都應該恭敬供養。並且要知道，有此經之處就是塔的所在，應該虔誠地禮拜、右繞，並以種種香花作為供養。塔是佛教的標誌性建築，一般用來供養聖者遺骨或經書等。《金剛經》雖然只有五千餘言，但闡明了無上甚深的般若法門，所以此經所在處，就象徵著高樹法幢，是無形的塔。

以上，通過與三千大千世界七寶布施、恆河沙等三千大千世界七寶布施、恆河沙等身命布施、每日三次恆河沙等身命布施的校量，層層遞進。雖然參照物在不斷增上，但依然不及讀誦受持《金剛經》的功德，由此顯示般若法門的無比殊勝。

5．與供養無量諸佛功德校量

復次，須菩提！善男子、善女人，受持讀誦此經，若為人輕賤，是人先世罪業應墮惡道，以今世人輕賤故，先世罪業則為消滅，當得阿耨多羅三藐三菩提。

須菩提！我念過去無量阿僧祇劫，於燃燈佛前，得值八百四千萬億那由他諸佛，悉皆供養承事，無空過者。若復有人於後末世，能受持、讀誦此經，所得功德，於我所供養諸佛功德，百分不及一，千萬億分乃至算數、譬喻所不能及。

須菩提！若善男子、善女人於後末世，有受持、讀誦此經，所得功德，我若具說者，或有人聞，心則狂亂，狐疑不信。須菩提！當知是經義不可思議，果報亦不可思議。（第十六　能淨業障分）

第十六分為「能淨業障分」。前面都在說受持、讀誦《金剛經》有多少功德，讓我們覺得一誦此經就能戰無不勝，所向披靡。此處，佛陀提到另一種情況，即受持、讀誦《金剛經》後遇到違緣，這是為什麼呢？在解說這個問題後，佛陀接著以供養無量諸佛的功德進行校量。

「復次，須菩提！善男子、善女人，受持讀誦此經，若為人輕賤，是人先世罪業應墮惡道，以今世人輕賤故，先世罪業則為消滅，當得阿耨多羅三藐三菩提。」佛陀告訴須菩提，也提醒我們這些後世佛弟子說：如果有善男子、善女人受持讀誦《金剛經》後，反而被別人輕視，瞧不起，不必擔心，也不必沮喪。這並不是什麼壞事，也不意味著受持讀誦《金剛經》沒有功德，而是因為此人在過去生曾經造作罪業。按照由因感果的原理，他本來會由於這些罪業墮落惡道，長劫受苦，但因為讀誦受持《金剛經》的功德，今生僅僅感得受人輕視的果報，就化解了往昔造作的惡道之因。這些罪業消除之後，就能迅速成就無上菩提。

在無盡輪迴中，我們曾造作無量罪業，如果必須一一償還後才能成佛，就沒有盡頭了。所以佛陀告訴我們，讀誦《金剛經》能使重業輕報，迅速滅輕業障。這樣的情況，不少修行人都曾遇到過。通過以上經文可以了解到，如果因為學佛被人誤解、輕視或遭遇種種違緣，不必因此沮喪，更不應該心生退意，而要感恩這些狀況，讓我們能儘快集資淨障。

「須菩提！我念過去無量阿僧祇劫，於燃燈佛前得值八百四千萬億那由他諸佛，悉皆供養承事，無空過者。」佛陀告訴須菩提說：我憶念自己在過去無量阿僧祇劫以來，在燃燈佛座下修行之前，曾經遇到八百四千萬億那由他諸佛出世，我對他們都一一地恭敬供養，從來沒有遺漏。以大乘佛教的觀點來看，在法界中，過去諸佛就像恆河沙那麼多。佛陀在因地修行時，不僅對他們行廣大供養，而且堅持不懈，從無疲厭。

「若復有人於後末世，能受持、讀誦此經，所得功德，於我所供養諸佛功德，百分不及一，千萬億分乃至算數、譬喻所不能及。」諸佛是最殊勝的福田，所以供養諸佛功德廣大，不可思議。更何況，這不是供養一尊佛，而是長時間、從不間斷地供養無量諸佛。即使這麼大的功德，如果有人在未來世能讀誦、受持《金剛經》，相比他所得到的功德，我（釋迦佛自稱）供養千萬億那由他諸佛的功德，也是遠遠比不上的。甚至還不到百分之一，不到千萬億分之一，甚至怎麼計算、怎麼比喻都不為過。因為這兩種校量的功德中，有一種是無窮大，怎麼可能算得清，說得清呢？

「須菩提！若善男子、善女人於後末世，有受持讀誦此經，所得功德，我若具說者，或有人聞，心則狂亂，狐疑不信。」佛陀囑咐須菩提說：如果有善男子、善女人，在未來世能受持、讀誦《金剛經》，他們所得到的功德，我具體地一一闡述出來，那麼有人聽了之後會承受不了，而且完全無法相信。也就是說，受持讀誦《金剛經》的功德，已經超過這些人的想像，也超過這些人的心理承受能力。

但我們也不要因為自己聽了以後沒有「心則狂亂」就沾沾自喜，以為自己的根機更好。真實的情況是，這些對我們來說只是個說法，聽聽而已，並沒有深入思惟。換言之，對這一甚深法門還沒產生反應。沒有狂亂或不信，其實是麻木而非接受的表現。就像你聽到某人得到一萬億，反應可能只是一聲「哦」；而聽到自己將得到一萬億，第一反應恐怕是「怎麼可能」吧。

「須菩提！當知是經義不可思議，果報亦不可思議。」佛陀向須菩提總結說：你要知道，《金剛經》闡述的義理是無上甚深微妙法，實在不可思議，它所招感的功德果報也不可思議，超過了我們可以思惟和想像的範疇。用現在的話說，就是「怎麼想也想不出來」。

6・與三千大千世界須彌山等七寶布施校量

須菩提！若三千大千世界中所有諸須彌山王，如是等七寶聚，有人持用布施。若人以此《般若波羅蜜經》，乃至四句偈等，受持、讀誦、為他人說，於前福德百分不及一，百千萬億分乃至算數、譬喻所不能及。（第二十四 福智無比分）

第二十四分為「福智無比分」，是以三千大千世界須彌山等七寶校量。「須菩提！若三千大千世界中所有諸須彌山王，如是等七寶聚，有人持用布施。若人以此《般若波羅蜜經》，乃至四句偈等，受持、讀誦、為他人說，於前福德百分不及一，百千萬億分乃至算數、譬喻所不能及。」須彌山王，又稱妙高山，為諸山之王，佛教認為它是一個小世界的中心。佛陀對須菩提說：如果一個人以三千大千世界中所有須彌山王那麼多的七寶布施，而另一個人能讀誦、受持這部《般若波羅蜜經》，或僅僅是其中的四句偈，依教奉行，為人演說。兩相比較的話，以三千大千世界須彌山等七寶布施的功德，還不及受持《金剛經》的百分之一，百千萬億分之一，乃至沒辦法計算，也沒辦法比喻。

7・與無量七寶布施校量

須菩提！若有人以滿無量阿僧祇世界七寶持用布施，若有善男子、善女人發菩提心者，持於此經，乃至四句偈等，受持讀誦，為人演說，其福勝彼。

云何為人演說？不取於相，如如不動。何以故？一切有為法，如夢幻泡影，如露亦如電，應作如是觀。

佛說是經已，長老須菩提及諸比丘、比丘尼、優婆塞、優婆夷，一切世間天、人、阿修羅，聞佛所說，皆大歡喜，信受奉行。（第三十二　應化非真分）

第三十二分是「應化非真分」，也是本經的結束部分。到這裡，佛陀再一次對受持本經的功德作了校量。在《金剛經》的短短五千餘言中，佛陀反覆提醒我們：本經極為殊勝，受持本經功德無量，可謂苦口婆心。

「須菩提！若有人以滿無量阿僧祇世界七寶持用布施，若有善男子、善女人發菩提心者，持於此經，乃至四句偈等，受持讀誦，為人演說，其福勝彼。」佛陀對須菩提說：如果有人以裝滿無量阿僧祇世界的七寶布施，而有善男子、善女人發菩提心，受持《金剛經》，哪怕僅僅是其中四句偈頌，不僅自己理解、接受並實踐，而且為人演說，那麼後者招感的功德將超過前者。

讀誦《金剛經》的人雖然多，但能體會《金剛經》的甚深義理，並學會用般若正觀來修行生活的人並不多。這就必須從發勝義菩提心開始，建立中觀正見，由體認無我、無相、無所得，而能無住生心，廣泛利益一切眾生，才是真正受持金剛般若法門。具備這樣的心行，當下就能得大自在。

「云何為人演說？不取於相，如如不動。」之前，佛陀再再強調了受持《金剛經》和為人演說的功德，那麼究竟怎樣為人演說呢？因為般若法門義理甚深，理解起來都不容易，何況是為人宣說，難度就更大了。所以佛陀告訴我們：這就必須通達空性，不執著於我相、人相、眾生相、壽者相，也不執著於有相、空相。唯有超越對一切相的執著，我們才能隨眾生的根機善巧說法，同時無住生心，如如不動。如果著相，就會心隨境轉，或執著自己的所說，就不是中觀正見了。

「何以故？一切有為法，如夢幻泡影，如露亦如電，應作如是觀。」為什麼要這樣說法呢？佛陀接著所說的偈頌，是整部《金剛經》最為人熟知的四句話：一切有造作的世間法，就像夢那麼縹緲，像魔術師變現的幻影那麼虛假，像水上的泡沫那麼不實，像太陽下的影子那麼空洞，像露水那麼短暫，像閃電那麼無常……我們應該經常作這樣的觀想，對有為法的執著就會隨之減少。一方面認識到它的空，一方面認識到它只是因緣假相。對任何法都這樣認識，就不會被世間的種種假相所蒙蔽，所束縛，所困擾。

《金剛經》前後通過七次校量，來說明受持本經的功德。其中，六次是與布施功德進行校量，一次是與供養諸佛的功德進行校量。布施和供養雖有相似之處，但對象和心行狀態不同。供養是面對最神聖的所緣，以最恭敬的心來奉獻。但不論多麼廣大的布施，多麼殊勝的供養，都無法與受持、弘揚本經的功德相比。這也正是「諸供養中，法供養最」的明證。

十七、心為何物

以上說到的佛果、佛身，包括我們信仰的對象、修行的結果，都屬於所緣對象。修行，首先要以般若正觀對所緣對象建立正確認識，糾正原有的錯誤看法。而認識能達到什麼程度，是取決於我們的認識能力，取決於我們擁有什麼樣的心。所以，佛法又稱心法，最終還要指向心這個原點。

心到底是什麼？本經開頭就提出：「應云何住？云何降伏其心？」事實上，整部《金剛經》都在為我們回答這兩個問題。除了前面所說的般若正觀、無相無住的修行，佛陀還有哪些開示呢？

須菩提！於意云何？如來有肉眼不？

如是，世尊！如來有肉眼。

須菩提！於意云何？如來有天眼不？

如是，世尊！如來有天眼。

須菩提！於意云何？如來有慧眼不？

如是，世尊！如來有慧眼。

須菩提！於意云何？如來有法眼不？

如是，世尊！如來有法眼。

須菩提！於意云何？如來有佛眼不？

如是，世尊！如來有佛眼。

須菩提！於意云何？恆河中所有沙，佛說是沙不？

如是，世尊！如來說是沙。

須菩提！於意云何？如一恆河中所有沙，有如是沙等恆河，是諸恆河所有沙數，佛世界如是，寧為多不？

甚多，世尊！

佛告須菩提：爾所國土中所有眾生，若干種心，如來悉知。何以故？如來說諸心，皆為非心，是名為心。所以者何？須菩提！過去心不可得，現在心不可得，未來心不可得。（第十八　一體同觀分）

第十八分為「一體同觀分」。前面佛陀反覆開示過，成佛是成就無所得的智慧。但要知道，這個「無所得」不是什麼都沒有，其中還蘊含著無量功德。佛陀為了避免我們在修行上落入斷見，就如來是否成就五眼六通、一切種智的問題作了開示。

「須菩提！於意云何？如來有肉眼不？」佛陀問須菩提說：在你的認識中，如來有肉眼嗎？肉眼，就是像常人那樣的眼睛。當然，如來肉眼的品質遠遠高於常人。

「如是，世尊！如來有肉眼。」須菩提尊者回答說：的確如此，如來是有肉眼的。在佛陀的三十二相中，第二十九為「眼色如紺青相」，第三十為「眼睫如牛王相」。可見佛陀不但有肉眼，而且清澈、莊嚴、炯炯有神。

「須菩提！於意云何？如來有天眼不？」佛陀問須菩提說：在你的認識中，如來有天眼嗎？天眼，不僅可以看到遠近明暗，還可以看到過去和未來。除了生來具備天眼的色界諸天外，其他眾生可以通過禪定成就這一神通，為修得。

「如是，世尊！如來有天眼。」須菩提尊者回答說：的確如此，如來是有天眼的。當年佛陀在菩提樹下禪坐時，通過修習四禪成就了天眼。

「須菩提！於意云何？如來有慧眼不？」佛陀問須菩提說：在你的認識中，如來有慧眼嗎？慧眼，即以空性慧通達空性，能了知諸法實相。

「如是，世尊！如來有慧眼。」須菩提尊者回答說：的確如此，如來是有慧眼的。

「須菩提！於意云何？如來有法眼不？」佛陀問須菩提說：在你的認識中，如來有法眼嗎？法眼，通達一切法的實相和差別。不僅看到諸法空相，也了知從空出有的種種差別。

「如是，世尊！如來有法眼。」須菩提尊者回答說：的確如此，如來是有法眼的。

「須菩提！於意云何？如來有佛眼不？」佛陀問須菩提說：在你的認識中，如來有佛眼嗎？佛眼，只有諸佛才具有的。因為成就道種智、一切種智，成就如所有智、盡所有智，故能親見一切法的非空非有、不可思議。

在前面四法中，肉眼是常人就具備的。除了肉眼之外，其他的天眼、慧眼、法眼和佛眼，雖然也稱之為「眼」，但都不是眼根、眼識的作用，而是心具備的能力。天眼是天人和禪者可以具備的，慧眼是聲聞行者可以具備的，法眼是大菩薩們可以具備的，而佛眼唯有究竟圓滿的諸佛才具備。

「如是，世尊！如來有佛眼。」須菩提尊者回答說：的確如此，如來是有佛眼的。

「須菩提！於意云何？恆河中所有沙，佛說是沙不？」五眼的問答後，佛陀又問須菩提說：在你的認識中，恆河中所有的沙，佛陀也把那些稱之為沙嗎？在人們的想像中，如來既然有那麼多眼睛，看到的世界肯定和我們完全不同。對於恆河沙，佛陀恐怕不會和我們一樣稱之為沙吧？要知道，佛陀說法是不違世俗諦，不違因緣假相的，即四悉檀中的世界悉檀。既然眾生認為是沙，那麼佛陀在對我們說法時，以肉眼在世俗諦層面看到的，也同樣是沙。當然，佛陀還有天眼、慧眼、法眼和佛眼，所以這種一樣又是不一樣的。此外，同一事物的存在還有不同層面，以不同的認識和業力，所見也是有差別的。

「如是，世尊！如來說是沙。」須菩提尊者回答說：的確如此，如來也說那些是沙。

「須菩提！於意云何？如一恆河中所有沙，有如是沙等恆河，是諸恆河所有沙數，佛世界如是，寧為多不？」佛陀問須菩提說：在你的認識中，如果恆河中的每粒沙等於一條恆河，那麼恆河沙數那麼多恆河中所有的沙（即恆河沙的平方），每一粒沙是一個佛世界，這顯然是驚人的天文數字。對於這麼多佛世界，你覺得是不是很多？恆河沙是佛陀經常使用的一個比喻，因為他常在恆河兩岸說法，以恆河沙為喻，聽者很容易理解，這就是契機。我們今天說法，也要用現代人喜聞樂見的語言表達，否則人們會覺得佛法很遙遠，和現實沒關係，聽了沒感覺。所以在弘法的表現方式上，我們要找到適合當代的契入點。在這方面，佛陀是我們的典範。

「甚多，世尊！」須菩提尊者回答說：確實非常多，世尊！

「佛告須菩提：爾所國土中所有眾生，若干種心，如來悉知。」佛陀告訴須菩提說：在恆河沙數平方那麼多的佛世界中，每個世界又有無量眾生，每個眾生還有種種心行，對於所有這些眾生心以及它們的差別，如來都瞭若指掌。

為什麼呢？我們知道，佛陀十大名號之一為正遍知，就是了知一切的智慧。這種知是超越妄知的，為「不知之知」。其實，我們意識的背後也蘊含這種遍知的能力，只是當心陷入念頭時，這種能力被掩蓋了，不起作用。佛陀圓滿開發了這一智慧，故能了知無量眾生、種種心行的差別。

「何以故？如來說諸心，皆為非心，是名為心。」為什麼如來可以了知種種心的差別？因為所有這些心理都是因緣和合而成，其本質也是空性，只是假名安立為「心」而已。我們在禪修中，就要去觀照心的本質。當念頭生起時，看看這些念頭從哪裡來？當你這麼檢視的時候，會發現念頭是無形無相、了不可得的。所以說，念頭的背後就是空性智慧。

當心沒有陷入執著，能對念頭進行檢視，就是觀照力在產生作用。當然，這種觀照力還帶有意識的作用。如果我們把觀照也放下，在空空蕩蕩的背後，就會顯現遍知的作用。這種「明瞭」不是意識的造作，而是心本身具備的明性。空是代表空性的層面，明是代表空性慧的作用，二者是一體的，所謂「空明不二」。換言之，明性是建立在空性的基礎上。我們體會到空性，明性就能生起。因為有了明性，所以才能體會到空性。

我們內心總有這樣那樣的情緒和煩惱，歸根結柢，都是念頭而已。如果我們學會觀照內心，審視念頭，當觀照力生起時，念頭當下就會被弱化，甚至被空掉——因為這些念頭只是因緣假相而已，是無自性的。我們由於無明，由於攀緣外境，進而發展出種種心理，就像《楞嚴經》所說的「前塵影象」。這些心理或是和經歷有關，或是和某人有關，或是和家庭有關，或是和對某個問題的認識有關。它們不是天生的，也不是固定不變的，而是代表我們在無盡生命中的積累。

正是這些心理的積累，造成了我們現有的心態和人格。當我們缺乏觀照時，這些心理會恣意生長，就像黑暗世界的王者，牢牢地控制我們。一旦開發內在的觀照力，就能驅散無明暗夜。而那些在黑暗中如此強勁的妄心，也會失去依附，無處遁形。

「所以者何？須菩提！過去心不可得，現在心不可得，未來心不可得。」這番話就是《金剛經》著名的「三心不可得」，禪宗公案中多有記載。佛陀告訴須菩提：為什麼如來說這些心是「非心」呢？

又該如何認識自己的心？人都是活在念頭中，這就是我們的整個生活，也是輪迴大廈的基礎。可這些念頭並不真實，也沒有自性。如果對內心加以審視，會發現過去的念頭已經過去，未來的念頭尚未到來，都是了不可得的。至於當下的心，其實也是找不到的。因為它不在內，不在外，無形無相，無跡可尋。禪宗的參話頭，就是讓我們通過一路追尋，直接認識心的本質。

凡夫最大的特點就是迷妄，看不清自己的心，也看不清念頭的來龍去脈，總是不知不覺被心念的瀑流裹挾著。在這種強大的相續中，根本就身不由己。所以修行首先要從聞思開始，樹立佛法正見。般若有文字般若、觀照般若、實相般若。我們學習《金剛經》，是通過文字般若獲得空、無相、無所得的中道正見，然後運用正見觀照每個起心動念，觀照我們面對的每個問題。包括信仰對象、修行過程、成就目標，都要用般若正觀加以審視。在觀照過程中，令凡夫心得以弱化，逐步平息，我們才有能力從念頭中跳出。再來審察內心，通過「覓心了不可得」的追尋，令內在明性得以顯現，成就無所得的智慧。

十八、廣修善法，成就菩提

《金剛經》的修行，從所緣的境，說無相、無所得，從能緣的心，覓心了不可得。這是否意味著，修行什麼都不要做呢？如果覺得什麼都不要做，什麼善法都不要修，就會偏空，甚至落入斷滅見，而且無法積累福德，成就慈悲。金剛般若法門屬於大乘菩薩道，佛陀為了避免我們走上極端，特別告誡我們要廣修善法。

須菩提！是法平等，無有高下，是名阿耨多羅三藐三菩提。以無我、無人、無眾生、無壽者，修一切善法，則得阿耨多羅三藐三菩提。須菩提！所言善法者，如來說即非善法，是名善法。（第二十三　淨心行善分）

第二十三分是「淨心行善分」，說明要修一切善法，才能成就無上菩提。「須菩提！是法平等，無有高下，是名阿耨多羅三藐三菩提。」佛陀叮囑須菩提說：阿耨多羅三藐三菩提是平等一味的，沒有差別，也沒有高下之分。這也體現了佛陀對空性的圓滿證悟——從法身層面來說，一切都是平等無別的。而從報身、化身來說，才是有差別的。

「以無我、無人、無眾生、無壽者，修一切善法，即得阿耨多羅三藐三菩提。」阿耨多羅三藐三菩提的成就，包括見和行兩方面。見是無我的空性正見，不僅指人無我，也指法無我。以無我正見修一切善法，和《菩提道次第略論》所說的「方便與慧，任缺其一，不可成佛」是一致的。

有些人以為，見性就能解決一切問題，直達佛果，不需要修什麼善法，也不需要修種種利他行。這是對大乘佛教缺乏完整的理解。對菩薩道的修行來說，菩提心和空性見缺一不可。成佛不僅要成就智慧，還要成就福德，成就慈悲，否則是不圓滿的。因為佛陀成就的無上菩提，是慈悲和智慧的究竟圓滿。從因上來說，必須有方便，有智慧。

而菩薩道修行和世間善法的區別，是在於空性正見。如果行善時還有我相乃至壽者相，就是人天善法，有漏之因，不能導向無上佛果。如果有布施的相，有度眾生的相，有莊嚴國土的相，就會像達摩對梁武帝的回應那樣——「實無功德」。如果要成為無上菩提之因，必須無住生心，無我、無人、無眾生、無壽者。

從六度的修行來說，前五度要在般若引導下，才能成為菩提之因，所謂「五度如盲，般若如導」。所以說，見和行是相互的。僅有正見而沒有善行，只能成就智慧；僅修善行而缺乏正見，只能成為人天善法，屬於三界因果。所以佛陀在《金剛經》明確指出，成就無上菩提是見與行的結合。這個一切善法包括戒定慧，也包括六度四攝。凡是能將我們導向無上菩提的，都稱為善行。

佛果的成就有三德二利。三德為斷德、智德、悲德。斷德是斷除一切煩惱，智德是成就一切智慧，悲德是成就一切慈悲。二利就是自利和利他，由圓滿自利到圓滿利他。所有這些，包括三十二相、八十隨形好，都來自多生累劫的積累。

「須菩提！所言善法者，如來說即非善法，是名善法。」佛陀講到修習善法的重要，又擔心有人執著善法，所以再次對須菩提說：善法也是因緣假相，是無自性的。我們修善法時，必須以空性慧加以觀照，認識到其本質就是空性，以無住、無所得的心廣修善法，才能成就阿耨多羅三藐三菩提。

雖然了解到善法的本質就是空性，但從世俗諦的角度，依然認識到善法的意義，依然積極利他，毫無疲厭。如果因為看清善法本質是空就不修了，那是偏空；如果以為善法是實實在在的，就落入凡夫的有見和常見。作為菩薩行者，既不能住於空，也不能落入有，這樣才能保持中道。

十九、如來的境界

這部分是關於如來的境界。前面說過，如來有三十二相，但又不能以三十二相見如來。那麼，如來究竟是怎樣的呢？

須菩提！若有人言，如來若來若去，若坐若臥，是人不解我所說義。何以故？如來者，無所從來，亦無所去，故名如來。（第二十九　威儀寂靜分）

第二十九分為「威儀寂靜分」。所謂威儀，是指行住坐臥有威德，有儀則。在聲聞戒中，佛制比丘有三千威儀，即所有行為都有相應規則，不可任意妄為，這樣才能體現一個出家人莊嚴、寂靜、脫俗的氣質。《金剛經》所說的威儀，重點不在行住坐臥的外相，而是從空性來認識的。

「須菩提！若有人言，如來若來若去，若坐若臥，是人不解我所說義。」佛陀對須菩提說：如果有人認為，如來有來有去，有坐有臥。比如今天到舍衛城乞食，明天又到竹林精舍說法，就像世間的人到哪裡去，又從哪裡回來，諸如此類。如果以這樣一種眼光看待如來，內心執著來去的想法，就沒有理解如來所說的法義，是以凡夫知見揣度如來，是凡夫而非如來的境界。

「何以故？如來者，無所從來，亦無所去，故名如來。」為什麼這麼說？如來的境界究竟是什麼？如來之所以被稱為「如來」，是因為他證悟了如實的真理，也就是空性。在空性層面，是沒有來也沒有去，沒有坐也沒有臥，沒有動也沒有靜的。因為空性超越時空，超越思惟概念，也超越一切差別。

雖然在緣起顯現上是有來有去的，但這種來去是應眾生因緣的自然顯現。就像「千江有水千江月」。江水清了，月亮自然映照其中，顯現出來。

《解深密經・如來成所作事品》也講到，如來是「非心意識生起所顯」。如來的行動不是有心，不是帶著一種想法或目的，只是隨眾生的因緣，在悲心作用下的自然顯現。雖然在世俗意義上有來有去，但這種來去又不住於來去相。因為如來安住在無所來亦無所去的狀態，所以來的當下就沒有來，去的當下也沒有去。在無來無去的狀態下，又不妨來去，不妨有千百億化身。如果說如來也有想法，有執著，就不可能有千百億化身。就像我們想著某件事的時候，無法一心二用；做著某件事的時候，也無法再做別的事。但如來是無心的，並不是在意識層面行事，而是成就了正遍知，所以能普應十方，無所不知。

總之，我們說如來有來有去，或者說如來沒有來去，都有失偏頗。針對眾生的這種執著，佛陀說如來「無所來亦無所去」。準確地說，是在勝義諦上沒有來去，而在世俗諦上不妨來去。來去的同時，就是不來不去；不來不去的當下，又不妨有來有去。

二十、佛眼看世界

學佛，要以佛法正見替換原有的錯誤觀念，解除迷惑煩惱，最終開啟生命內在的智慧，這是之前一再強調的。可能有人覺得重複，覺得簡單。事實上，如果真能從佛法的角度看世界，還會有顛倒、妄想、執著嗎？還會有煩惱、痛苦、輪迴嗎？怎麼看，就決定了我們怎麼做，進而決定了我們的生命品質。那佛陀是怎麼看待世界的呢？

須菩提！若善男子、善女人，以三千大千世界碎為微塵，於意云何，是微塵眾寧為多不？甚多，世尊！何以故？若是微塵眾實有者，佛則不說是微塵眾。所以者何？佛說微塵眾，則非微塵眾，是名微塵眾。世尊！如來所說三千大千世界，則非世界，是名世界。何以故？若世界實有者，則是一合相。如來說一合相，則非一合相，是名一合相。須菩提！一合相者，則是不可說，但凡夫之人貪著其事。（第三十一 合相理分）

第三十分為「一合相理分」，是對佛教如何看世界的描述。「須菩提！若善男子、善女人，以三千大千世界碎為微塵，於意云何，是微塵眾寧為多不？」佛陀問須菩提說：如果善男子、善女人，將三千大千世界碎為微塵，那麼在你的認識中，這些微塵可以算多嗎？前面說過三千大千世界，我們知道，這是一個巨大到難以想像的空間。而微塵是什麼呢？古印度哲學認為，把物質反覆分割到最小的單位就是「極微」，是世界形成的基本元素。西方哲學有原子論，原理也是同樣。當然這個微塵也可以是比喻，即小到不能再小。要把這麼大的三千大千世界全部粉碎為微塵，會是怎樣的情景呢？「鋪天蓋地」都不足以形容。

「甚多，世尊！何以故？若是微塵眾實有者，佛則不說是微塵眾。」須菩提尊者回答說：那確實非常之多，為什麼呢？因為在世人眼中，包括在部派佛教學者眼中，都認為微塵很多。但以般若正見觀照，微塵並不是實有的，其存在只是因緣假相，並沒有獨存、不變、不可分割的微塵。如果這些微塵實實在在的話，佛陀就不會說這些是微塵了。

「所以者何？佛說微塵眾，則非微塵眾，是名微塵眾。」為什麼說微塵眾不是實有呢？以佛陀的智慧來看，微塵的存在也是無自性的，只是在緣起現象上安立了「微塵」的假名，並非實有。

《金剛經》中，佛陀反反覆覆地告訴我們，從最大的世界，到最小的微塵，包括山河大地、草木叢林、日月星辰，及各種動物、植物，從物理到心理，從個體到社會，一切的一切，都要用空性慧來觀照，也就是「所謂……即非……是名……」的三句式。所謂，是闡述這個問題；即非，是說明其空性本質；是名，是在緣起現象安立的假名。

僧肇法師在《肇論》中也告訴我們：「道遠乎哉，觸事而真；聖遠乎哉，體之即神。」這個道就是空性，它離我們遠不遠？事實上，我們遇到的一切現象都是大道。如果能以空性慧觀照，每個有的當下就是空，每個存在的當下就是空性，這就是「道不遠人」之理。

道是無所不在的，關鍵是有體認大道的智慧。聖人離我們遙遠嗎？只要我們體認到生命內在的覺悟潛質，當下就是聖賢，就是佛菩薩了。所以，我們能看到什麼樣的世界，關鍵在於具備什麼樣的認識。如果以凡夫的無明和錯誤觀念看世界，只能看到一個扭曲的世界，輪迴的世界。但能以空性慧觀照的話，當下就是清淨無染的，是淨土而非娑婆。

「世尊！如來所說三千大千世界，則非世界，是名世界。」接著，須菩提尊者又向佛陀報告了他對世界的看法：如來所說的三千大千世界，也是緣起的，無自性的，其本質就是空性，只是安立了世界的假名。

「何以故？若世界實有者，則是一合相。」為什麼這麼說？如果世界是實有的話，那就是一合相。

所謂一合相，是指由眾多極微組成的有形物質。如世界由無數微塵聚集而成，故稱「一合相」；人體由四大五蘊組成，也是「一合相」。

「如來說一合相，則非一合相，是名一合相。」這個統一體是什麼狀態呢？是不是獨存、不依賴條件的呢？其實，哪怕再大的世界，也是眾緣和合而成，是緣生緣滅的。所以如來說一合相的本身，也是無自性空的，只是叫作一合相而已。就像汽車是一合相，桌子是一合相，房子是一合相，乃至世間萬物都是一合相。雖然它們看起來有形狀有體積，貌似實實在在的，看得見摸得著，但本質上是空的，只是由眾多條件的和合而顯現。一旦條件敗壞，它們就不存在了。

「須菩提！一合相者，則是不可說，但凡夫之人貪著其事。」佛陀進一步對須菩提開示說：一合相只是緣起的現象，其本質就是空性。但凡夫因為不能正確認識一合相，就會執著自己對一合相賦予的錯誤設定，由此建立我法二執，從而看不到其中真相。

這個問題非常重要。因為正確認識世界，是樹立正見、成就解脫的重要基礎。通過以上闡述，引導我們對微塵和世界建立智慧觀照，通過觀照般若成就實相般若。

結束語

本次採用了比較特殊的方式修學《金剛經》。雖然沒有逐字逐句地全文解讀，但經中闡述的主要問題都涉及了。從發菩提心、無我度生，到如何正確認識如來身相、認識佛果的成就、認識我們所學的法，還有如何修習六度、修菩薩行、莊嚴國土等。既有對信仰對象的認識，也有對修行法門和結果的闡述，包括了見、行、果的完整次第。

《金剛經》的中道智慧，主要體現為無我、無相、無所得，而表現方式主要是「所謂、即非、是名」的三句式。由這種中道正見，最終成就無住的修行。在本經闡述的修行中，首先是以無我、無相、無所得，掃除對有的執著，掃除我們建立的一切執著。在這些支撐點被逐步掃除之後，佛陀擔心我們偏空，所以又不斷提出中道正見，幫助我們完整地看待問題。既認識到空的一面，又看到因緣假有的一面。

偏有會落入常見，偏空會落入斷見。中道正見則是幫助我們擺脫二邊之見，成就無所得的智慧。無論修習布施、持戒、忍辱，還是莊嚴國土、度化眾生，都能心無所住。雖然無所得，無所住，但因為有慈悲，又能廣泛利益眾生。所以，菩薩證悟的是無住涅槃，智不住生死，悲不住涅槃。

超越「二」的智慧──《心經》、《金剛經》解讀

作　　者　濟群法師
責任編輯　徐藍萍、張沛然

版　　權　吳亭儀、江欣瑜
行銷業務　周佑潔、賴正祐
總 編 輯　徐藍萍
總 經 理　彭之琬
事業群總經理　黃淑貞
發 行 人　何飛鵬
法律顧問　元禾法律事務所王子文律師
出　　版　商周出版　台北市 104 民生東路二段 141 號 9 樓
電話：(02) 25007008　傳真：(02)25007759
E-mail：ct-bwp@cite.com.tw　Blog：http://bwp25007008．pixnet.net/blog
發　　行　英屬蓋曼群島商家庭傳媒股份有限公司城邦分公司
台北市中山區民生東路二段 141 號 2 樓
書虫客服服務專線：02-25007718　02-25007719
24 小時傳真服務：02-25001990　02-25001991
服務時間：週一至週五 9:30-12:00　13:30-17:00
劃撥帳號：19863813　戶名：書虫股份有限公司
讀者服務信箱 E-mail：service@readingclub.com.tw
香港發行所　城邦（香港）出版集團有限公司
香港九龍九龍城土瓜灣道 86 號順聯工業大廈 6 樓 A 室
電話：(852)25086231　傳真：(852)25789337　E-mail: hkcite@biznetvigator.com
馬新發行所　城邦（馬新）出版集團 Cite (M) Sdn Bhd
41, Jalan Radin Anum, Bandar Baru Sri Petaling, 57000 Kuala Lumpur, Malaysia.
Tel: (603) 90563833　Fax: (603) 90576622　Email: cite@cite.com.my

封面設計　張燕儀
印　　刷　卡樂彩色製版印刷有限公司
總 經 銷　聯合發行股份有限公司　新北市 231 新店區寶橋路 235 巷 6 弄 6 號 2 樓
電話：(02) 2917-8022　傳真：(02) 2911-0053

■2024 年 1 月 23 日初版

Printed in Taiwan

定價 350 元

城邦讀書花園
www.cite.com.tw

線上版回函卡

國家圖書館出版品預行編目 (CIP) 資料

超越「二」的智慧：《心經》、《金剛經》解讀 / 濟群法師著. -- 初版. -- 臺北市：商周出版：英屬蓋曼群島商家庭傳媒股份有限公司城邦分公司發行, 2024.1
面；　公分
ISBN 978-626-318-881-5(平裝)

1.CST: 般若部

221.4　112016212

ISBN 978-626-318-881-5